Bernadette Renard & Christian Hoeserle

Entgegengesetzt

Zwei Menschen

Ein Buch

Zwei Sichtweisen

Wer sich nicht traut, etwas zu tun,
der wird für lange Zeit alleine ruhen.
(Christian)

Das Schreiben intensiviert das Leben,
das Leben bereichert das Schreiben.
(Bernadette)

Herstellung und Verlag:
Books on Demand GmbH , Norderstedt

Cover by
Bernhard Pikl & Christian Höserle

ISBN: 9783837095142

Bernadette Renard:
Für meine Mädels – Ihr seid eine Bereicherung!

Christian Höserle:
Danke Doris, Danke Bernd !!!!

Graz & München im Herbst 2009

www.hoeserle.at & www.bernadette-renard.de

Kapitelübersicht

Prolog
Ein kleiner Wegweiser, der hilft, dieses Buch zu verstehen

Am Anfang war es nichts weiter als eine Idee. Zwei Menschen, die den Wunsch hatten, etwas zu schreiben – nur was? Man kann über vieles ein Buch schreiben, wir hatten allerdings die Vorstellung, die Dinge beim Namen zu nennen. Etwas zu vollbringen, das nichts übersetzt und nicht versucht, die Denk- und Sichtweise des anderen zu verändern. Wir wollten aufzeigen, wie sehr sich der eine vom anderen unterscheidet. Wie schnell es gehen kann, dass man Dinge unterschiedlich oder auch falsch verstehen kann, obwohl es eigentlich um das gleiche Thema geht.

Was dadurch im Laufe der Monate entstanden ist, drückt sich im Untertitel aus – zwei Menschen, ein Buch, zwei Sichtweisen.

Sie werden im Verlauf des Buches vielleicht bemerken, dass jeder seinen eigenen Schreibstil hat, aber vielmehr – und das war eigentlich unser erklärtes Ziel – werden Sie erkennen, dass Mann und Frau in vielen Fällen absolut entgegengesetzt denken, auch wenn sie sich in grundsätzlichen Dingen sehr ähnlich sind. Und dies geschieht nicht mit Absicht, sondern ist meist ganz einfach in unserem Wesen begründet.

Nehmen Sie sich Zeit und versuchen Sie sich beim Lesen des Buches daran zu erinnern, ob auch Sie schon eine der beschriebenen Situationen erlebt haben. Sie werden sich in unseren Zeilen wiederfinden. Vielleicht hilft „Entgegengesetzt" dabei, die eine oder andere Eigenschaft des anderen Geschlechts besser zu verstehen.

Kapitel 1 Das Werben um eine neue Liebe
Sie: Wie krieg ich ihn?

Grundsätzlich finden viele von uns schon in der Überschrift dieses Kapitels einen Fehler – wir werben nämlich nicht, wir wollen umworben werden. Mag sein dass man(n) weitläufig noch immer der Meinung ist, dass in einer Welt der Gleichberechtigung und Gleichstellung alle Frauen zu Emanzen geworden sind. Mag auch sein, dass man(n) ob solch bedrohlicher Erscheinungen wie Alice Schwarzer denkt, wir nehmen von nun an alles – aber auch wirklich alles – selbst in die Hand.

Liebe Männer, ja, wir sind selbstständig und unabhängig. Wir wünschen uns zu Weihnachten das neueste Bosch Akkuschrauber Modell, stürmen Baumärkte, wollen eure Jobs und sind der Meinung, wir können alles alleine schaffen. Aber in der Liebe, da sind wir nach wie vor romantisch. Da wollen wir erobert werden.

In dem Moment, wo Amor seinen Pfeil abschießt und uns mitten ins Herz trifft, werden wir für euch zum Weibchen. Wir warten auf das erste Lächeln, damit wir scheinbar schüchtern zurücklächeln können. Wir saugen die ersten verliebten Blicke auf, als würde es uns um nichts anderes mehr gehen als um euer Gesicht. Und ja, es kann sein, dass wir ungeduldig werden und auf euch zugehen, wenn ihr nicht auf die Idee kommt, uns anzusprechen. Aber wer ein echter Eroberer ist, geht zuerst auf uns zu!

Natürlich wollen wir auch irgendwie cool sein, wir würden vor euch nie zugeben, dass wir uns vor dem ersten Date mindestens 17 Mal umziehen. Wir können noch so sehr gegen all die weiblichen Klischees, die allgemein bekannt sind, ankämpfen, in so einem Moment sind wir machtlos dagegen. Die Fragen – Was ziehe ich an?, Ist alles perfekt in Form?, Rock oder Hose?, Schlicht oder aufgedonnert? – werden für einen kurzen Augenblick übermächtig. Meist geht dieser Kampf mit dem Weibchen in uns dann so aus, dass wir am Ende ganz normal aussehen. Was vielleicht ohnehin die beste Entscheidung ist, denn eigentlich wollt ihr uns ja so wie wir wirklich sind. Infolge dessen besteht dann auch nicht mehr die Notwendigkeit dafür, euch von dem ganzen Aufstand, den wir uns selbst geliefert haben, zu erzählen.

Nach dem ersten Date erwachen im Idealfall die Schmetterlinge. Diese kleinen Biester, die dafür sorgen, dass wir euch am liebsten 50 SMS am Tag schreiben würden. Was wir dann nicht tun, denn wir wollen euch ja nicht überfordern. Nicht klammern, nicht zu viel werden, nicht einengen. So zumindest der Vorsatz. Den meisten von uns gelingt das auch, und sollte diesbezüglich doch mal ein Ausrutscher passieren, werden wir euch irgendeine liebevolle Erklärung dafür liefern. Wir versuchen, immer irgendwie da zu sein, und euch trotzdem so zu lassen, wie ihr seid. Das ist nicht immer ganz so leicht, denn auch wenn Männer der Meinung sind, sie wären ja ganz einfach gestrickt und nur wir Frauen wären kompliziert, manchmal denkt ihr so geradlinig, dass wir euch nicht verstehen können. Und trotzdem, wenn wir verliebt sind, dann versuchen wir dieses Verständnis aufzubringen. Dann sehen wir über die eine oder andere Kleinigkeit, die in unseren Augen nicht so perfekt ist, hinweg. Denn wir wollen euch. Wir sehen die Welt durch eine mehr oder weniger rosarote Brille. Diese Kleinigkeiten, die wir am Anfang ignorieren, können im Verlauf einer Beziehung auch zu einem Problem werden, denn dann stören sie uns vielleicht plötzlich. Aber – so weit sind wir an diesem Punkt noch nicht. Sich zu verlieben bedeutet im ersten Moment, zu schweben. Anzufangen, glücklich zu sein. Bei jeder Nachricht, die wir vom Angebeteten bekommen, mit einem unwiderstehlichen Lächeln herumzulaufen. Herzklopfen, wenn wir ihn wiedersehen. Gefühle als wären wir wieder 15, wenn wir euch küssen können. Sich zu verlieben ist eine der wunderschönsten und einzigartigsten Begebenheiten, die das Leben für uns zu bieten hat. Und eigentlich sollte jeder von uns diese aufkeimenden Schmetterlinge im Bauch mit jeder Sekunde genießen.

Aber leider ist es nicht immer so einfach, einen geeigneten Partner zu finden. Es kann für manche von uns sehr schwierig sein, sich auf eine neue Beziehung einzulassen. Gerade dann, wenn wir schon längere Zeit Single sind und unser komplettes Leben nur auf uns selbst eingestellt haben.

Als frisch gebackener Single ist das der einzige Weg, den wir gehen können. Als frisch Verliebte macht uns die Gewohnheit, unser Single Leben zu leben, hin und wieder einen kleinen Strich durch die Rechnung. Da fragen wir uns dann, ob wir die Zweisamkeit überhaupt noch leben können. Ob wir noch „kompatibel" sind. Ob es diesmal zumindest für eine Zeit lang gut geht, oder ob es wieder eine Bauchlandung wird. Mit jeder Beziehung, die wir bereits gelebt und beendet haben, werden diese Fragen intensiver. Wird es einen Weg geben, alles was Frau sich im Laufe der Zeit angeeignet hat, weiterzuleben? Wird der neue Auserwählte auch nicht zu sehr fordern, zu viel Zuneigung verlangen, zu sehr einengen?

Wobei, was ist eigentlich zu viel und was zu wenig?

Zu viel, das ist jeden Tag in der Tür zu stehen. Uns keine freie Minute mehr zu lassen, immer wissen zu wollen, wann und mit wem wir wo sind. Und das absolute No-Go in dieser Liste: Definitiv zu viel ist, uns besitzen zu wollen. Niemand hat Besitzansprüche auf den anderen, jeder Mensch gehört nur sich selbst.

Zu wenig, das ist uns die ganze Woche links liegen zu lassen und dann am Wochenende davon auszugehen, dass wir einzig und ausschließlich nur für den Mann an unserer Seite Zeit haben. Und an besagten Wochenenden dann auch nichts anderes zu verlangen, als herumzuliegen, Filme ansehen, und sich körperlich nahe zu sein. Da gehört dann schon ein wenig mehr Kreativität dazu, uns bei Laune zu halten.

Eine Frau will umschwärmt werden und trotzdem unabhängig sein. Wir leben die Zweisamkeit, aber eben genauso unser eigenständiges Leben. Wir wollen wissen, dass ihr an uns denkt und wir freuen uns wenn ihr uns das mitteilt, aber die Kunst liegt darin, uns auch noch genügend Freiraum zu geben, damit wir als wir selbst noch Platz haben. Im Gegenzug geben wir Gleiches auch zurück. Wir lassen euch eure Freiräume, eure „Nur ein Bier mit dem Kumpel Abende" und wir ignorieren auch so komische Eigenschaften wie niemals die Klobrille wieder runterzuklappen. Aber, wir sagen euch auch, dass wir euch nahe sein wollen. Dass wir euch vermissen, wenn ihr nicht da seid. Nicht zu oft, und auf keinen Fall in einer Regelmäßigkeit, die dafür sorgen könnte, dass ihr euch daran gewöhnt. Denn bei dem Gedanken kommt dieser innere weibliche Schweinehund in uns wieder auf. Ihr könntet irgendwann einfach davon ausgehen, dass wir da sind. Als Selbstverständlichkeit quasi. Und das würde für uns bedeuten, dass ihr aufhört, euch um uns zu bemühen.

Eine Frau zu erobern ist aus unserer Sicht ganz einfach. Wir wollen das Gleichgewicht zwischen Zweisamkeit und Alleinsein. Was eigentlich schön schwarz-weiß ausgedrückt ist. Und dennoch wissen wir, dass wir genau dadurch für euch Männer kompliziert erscheinen. Denn – wo genau dieses Gleichgewicht ist, das können auch wir euch nicht sagen.

Wahrscheinlich ist das Einzige was man, wenn man sich verliebt, schaffen muss, dass man es einfach zulässt. Dass man sich nicht tausend Fragen stellt, ob dieses oder jenes funktionieren wird oder auch nicht. Dass man keine Angst davor hat, die Zuneigung des anderen zuzulassen.

Wenn wir das schaffen, was nicht einfach ist und auch nicht immer funktioniert, dann kann der Ritter unseres Herzens seinen Eroberungsfeldzug starten. Dann freuen wir uns über Kleinigkeiten, über ein Lächeln, einen Kuss, über eine nette SMS, und ja – manchmal auch über so eine kleine Aufmerksamkeit wie eine Blume oder ein schönes Essen zu zweit. Dann wollen wir wie verliebte Teenager Händchen haltend spazieren gehen und im Kino sitzen. Und dann ergeben sich die Dinge im Normalfall von selbst. Mit jedem Treffen wird die Zuneigung zueinander intensiver, lernt man sich besser kennen.

Nicht, dass ihr mich jetzt falsch versteht. Das soll nicht bedeuten, dass immer nur der Mann derjenige ist, der gibt. Auch wir Frauen geben sehr viel zurück. Auch wir finden unendlich viele Kleinigkeiten und Gesten, dem Mann an unserer Seite zu zeigen, was wir empfinden. Mag sein, manchmal verstecken wir diese Kleinigkeiten so, dass ihr sie nicht gleich bemerkt. Manchmal denken wir, dass ihr euch darüber freut, wenn wir euch einfach mal ziehen lassen, nicht nachfragen, wann ihr nach Hause kommt und empfinden das als Zeichen, dem anderen seine Freiheit zu lassen. Obwohl wir dann, wenn ihr wieder da seid, durchaus wissen wollen, wo und mit wem ihr um die Häuser gezogen seid. Männer sollten eines nie vergessen: Wir Frauen sind von Natur aus neugierig. Nicht in übertriebenem Sinne, aber wir wissen gerne Bescheid. Umgekehrt fragen wir euch wahrscheinlich zu selten, ob ihr Bescheid wissen wollt – wir haben ja immer zu viele Sprechmarken dabei und erzählen euch vielleicht auch hin und wieder Dinge, die euch eigentlich gar nicht interessieren. Aber Halt – wir schweifen hier ab in typische Klischees – Man(n) kann uns durchaus sagen, wenn irgendwelche Themen zu sehr überstrapaziert werden oder zu uninteressant für das andere Geschlecht sind. Denn eigentlich schätzen wir es über die Maßen, wenn man ehrlich zu uns ist. Einfach grad raus, genau so wie wir es auch machen.

Sich auf jemanden einzulassen bedeutet immer ein Geben und ein Nehmen. Es geht immer damit einher, dass man den anderen zuerst kennenlernen muss, um ihn und seine Welt verstehen zu können. Und es beinhaltet auch immer, dass wir kleine – nicht zu viele – Kompromisse eingehen werden um die Beziehung mit euch leben zu können. Und nur wenn das auf beiden Seiten funktioniert und zugelassen wird, nur dann kann aus dem, was am Anfang nur Schmetterlinge im Bauch sind, auch eine richtige Beziehung werden.

Ich wurde vor Kurzem von einem guten Freund gefragt, ob ich der Meinung bin, dass eine Frau genauso tief und aufrichtig lieben könne wie ein Mann. Die Antwort ist ganz eindeutig ja. Und das schließt dann auch mit ein, dass wir diese Liebe der Welt um uns herum zeigen. Wenn eine Frau zulässt, dass ein Mann ihr Herz erobert, dann darf das auch jeder sehen. Dann ist es in jedem Moment aufrichtig, in guten Situationen wie auch in negativen. In der Liebe wie im Streit. Dann lieben wir intensiv, mit Freude, mit Glück, aber auch manchmal bis es uns weh tut. Und trotzdem gehört das alles zusammen. Nur das Komplettpaket gibt die richtige Mischung.

Dann dürft auch ihr Prinzen uns so sehen, wie wir wirklich sind. Ungeschminkt, nicht immer perfekt gestylt – denn das bedeutet keineswegs, dass wir uns nicht mehr bemühen für euch schön zu sein, dass bedeutet vielmehr, dass wir euch unser wahres Gesicht zeigen – und manchmal auch mit kleinen Fehlern behaftet sind. Aber jemanden zu lieben bedeutet ja auch, den anderen so anzunehmen, wie er ist.

Kapitel 1 Das Werben um eine neue Liebe
Er: Wie krieg ich sie? (Warum eigentlich ausgerechnet du?)

Besonders spannend wird es, wenn wir mit unserem Singleleben nicht mehr zufrieden sind und wir uns mit dem Gedanken beschäftigen, der Zweisamkeit eine Chance zu geben. Doch wo finden wir sie, die „Eine", welche uns zu den Höhen des Olymps begleitet oder uns in die Untiefen des Hades stürzt. Es gibt leider keinen Fahrplan und Frauen, welche sich als Partner eignen, treffen wir nicht regelmäßig im Fünf-Minuten-Takt (siehe Straßenbahn) und es gibt sie auch nicht wie Sand am Meer. Nein, auch wenn es genügend paarungswillige Weibchen gibt, so ist es doch etwas Besonderes, wenn man der Richtigen endlich gegenübersteht. Doch wie kann man dies feststellen? Wie kann man überprüfen, ob sie die Richtige ist? Kurz und schnell gesagt. Gar nicht. Man trifft sich nicht so einfach und erlebt den Himmel auf Erden, dieser Himmel muss erst entdeckt werden, bevor man sich daran machen kann, etwaige Pläne der Gemeinsamkeit zu verwirklichen.

Aber langsam, Schritt für Schritt. In einer Welt, in der Frauen immer mehr und mehr ihrem selbstauferlegten Weg der Selbsterfüllung nacheilen, in einer Welt, in der die Dominanz der Männer schon von Frauen – und dies zu Recht – untergraben wurden, in einer Welt, in der Frauen Amazonen gleichen, die mehr und mehr ihrem Bestimmungsweg nachgehen, wird es für einen Mann immer schwieriger, zu erkennen, welchen „Part" er zu übernehmen hat.

Gibt es in so einer Welt überhaupt noch die „alte" Rollenverteilung? Mann wirbt, Frau entscheidet?

Ja, die gibt es. Frauen können alles, sie erklimmen die höchsten Berge, setzen sich Ziele, durchbrechen Vorurteile, kurzum, sie leben ihr Leben. Warum also noch der alten Rollenverteilung zugetan sein, wenn es doch die Gleichberechtigung (größtenteils) gibt. Leider ist das Leben kein Wunschkonzert und Frauen wollen und müssen (!) erobert werden. Mir ist schon klar, dass es ihn gibt, diesen „VAMP", der sich die Männer scharenweise an den Tisch holt und sozusagen mit einem weiblichen Schilehrer zu vergleichen ist. Wenn dir das passieren sollte, dann freu dich einfach darüber, denn es wird dir nicht allzu oft in deinem Leben passieren. Solche Frauen sind eher die Ausnahme.

Im Normalfall wird es eher so sein, dass dich eine Frau fasziniert und du von ihr magisch angezogen wirst. Wenn wir einmal die typischen „Hey was willst du trinken" Anmachsprüche ausklammern, dann wirst du feststellen, dass sich bei manchen Frauen eine Magie entwickelt, der du dich nicht entziehen kannst.

Ging es dir bisher etwa noch nie so, dass du an niemand anderen denkst, als an diese Frau?

Kennst du das Gefühl, wenn sich die Schmetterlinge in deinem Bauch zu einem Gefühl entwickeln, welches dir Antrieb, Energie und Motivation gibt. Ist es nicht so, dass ein Lächeln deiner Flamme den düstersten Tag in einem schönen Sonnenlicht erscheinen lässt?

Wenn die Stunden eines Tages nicht gezählt werden und er nur dann als perfekt eingestuft wird, wenn man mit dem Objekt seiner Begierde in den unterschiedlichsten Formen Kontakt aufgenommen hat? Ich habe einmal gelesen, dass der Begriff Minute und Stunde in einer Beziehung zu differenzieren ist. Das Vermissen seines Partners ist am Anfang so groß, dass es sich bei wenigen Minuten um gefühlte Stunden handelt. Verbringt man dann hingegen Stunden um Stunden, werden diese nur als Minuten oder gar nur Momente wahrgenommen. Wenn du dich also in einer Phase befindest, in der deine Gedanken nur darum kreisen, die Zeit mit deiner Traumpartnerin zu verbringen, dann kann man dir eigentlich nur gratulieren, dann fühlst du wirklich. Auch wenn wir Männer ja nie Gefühle zeigen (Klischee), wirst du von den Momenten der Glückseligkeit überrascht sein.

Doch wie kommt man zu diesem Gefühl, wie kann man sein Gegenüber davon überzeugen, dass man „der Richtige" ist? Das wird wohl immer ein Geheimnis bleiben. Dennoch lassen sich einige wichtige Eckpunkte festlegen. Selbstbewusstsein, Ehrlichkeit und vor allem gesunder Realismus.

Es wird nicht leicht sein, denn wenn du von einer Frau oder einem neuen Partner angetan bist, dann liegt dein Herz auf der Zunge, du wirst Dinge tun, ohne darüber nachzudenken und du wirst dir über die Konsequenzen nicht bewusst sein.

Ein Treffen mit Freunden? Ohne Probleme wirst du es absagen, nur damit du Zeit mit ihr verbringen kannst. Aber das Gleiche von ihr zu verlangen, das wird nicht funktionieren. Es wird dir nicht einmal in den Sinn kommen. Und warum? Weil es dich nicht kümmert, du wirst ihr komplett zu Füßen liegen.

Für dich zählt doch eigentlich nur, dass ihr die Zeit gemeinsam verbringt. Ohne dass du dich versiehst, wirst du deine Prioritäten verlagern. Du wirst dich voll und ganz von ihr und ihren Wünschen vereinnahmen lassen.

STOP!!!

Wenn du dies am Anfang einer bestehenden Beziehung mit dir machen lässt, auch wenn du es willst, dann sei dir dessen bewusst, dass es Folgen haben könnte. So wie es am Anfang einer Beziehung ist, auch wenn nicht gewollt, wird es wohlwollend zur Kenntnis genommen. Leider wird es dann im weiteren Verlauf einer Beziehung doch etwas schwieriger, sich wieder „seinen Hobbys" zu widmen. Ein Abend mit den Jungs wird dann eher zu einem Problem, weil die Partnerin eventuell alleine zurückgelassen wird. Meiner Meinung nach liegt es wirklich an uns Männern, unserer Partnerin eine gewisse Balance zu vermitteln. Zu allem ja und Amen zu sagen ist genauso falsch, wie alles kategorisch abzulehnen. Häufig genannte Trennungsgründe sind wiederkehrende Probleme, die in Zusammenhang mit der Selbstverwirklichung stehen, die schließlich für jeden von uns ein Thema ist. Aber dazu später. Widmen wir uns den ersten Momenten und den ersten großen Gefühlen.

Frisch verliebte Menschen können unter anderem in eine Abhängigkeit verfallen. Wenn sich alles nur mehr um diesen einen zu Liebenden dreht, wird sehr schnell klar, dass ein Leben ohne den anderen nicht mehr möglich ist. Dies ist zwar ein schöner Moment, weil zu diesem Zeitpunkt wohl klar ist, dass eine Beziehung vorliegt, dennoch ist dies auch ein sehr gefährlicher Moment. Wer kennt es nicht, dieses verliebte Säuseln des Kollegen, wenn er mit seinem Schatz am anderen Ende der Leitung ganz persönliche Gedanken austauscht. So schön das auch sein kann, es ist vielleicht eine Spur zu offensiv. Frauen wollen keinen Märchenprinz, sie wollen einen Mann, der sie durch alle Höhen und Tiefen begleitet, der ihnen die Sicherheit gibt, mit ihm an seiner Seite einfach alles erreichen zu können und der sich vor allem für sie ändert. Und wenn dann auch noch eine Option auf eine gemeinsame Zukunft besteht, tja, dann steht einer Heirat nichts mehr im Wege.

Alles könnte so einfach sein, wenn man die ersten entscheidenden Wochen gut „übersteht". Wenn du vor dem ersten Treffen stehst und dein Herz pocht, oder du sie erblickst und sie erst noch ansprechen musst, dann wirst du merken, wie emotional es doch werden kann. Auch ich habe in meiner langen „Karriere" (wenn man das so nennen kann) einige Dates hinter mich gebracht. Aber ich musste immer wieder feststellen, dass mich die gleichen Gedanken prägten. Auch wenn ich mir immer wieder zu verstehen gab, dass ein verpatztes Date nicht die Welt bedeutet, so haben Enttäuschungen dennoch ihre Spuren hinterlassen. Aber sehen wir uns einmal die Seite der Frauen an.

Wie gehen Frauen auf ein Date? Ist es ihnen wirklich egal, was sie alles so von sich geben? Und wie zum Teufel schaffen sie es immer wieder, so umwerfend auszusehen? Welche Gedanken schwirren ihr durch den Kopf und werde ich ihr genügen? Das alles sind wohl Fragen, welche sich jeder von uns schon einmal gestellt hat.

Mit absoluter Sicherheit lässt sich sagen: Frauen sind nicht mehr oder weniger nervös als wir Männer es sind. Gut, sie gehen vielleicht mit ihrer Nervosität anders um. Dafür werden sie sich vor jedem Date unzählige Male umziehen, mit ihrer besten Freundin sprechen, was sie denn wie anziehen sollen und ob das gewählte Outfit nicht doch etwa zu gewagt erscheint. Frauen mit einer intakten Infrastruktur (Freundeskreis) werden dies tun. Du kannst dir sicher sein, dass wenn sie kein Interesse an dir hätte, sie sich auch nicht mit dir treffen würde. Es besteht also – in welcher Hinsicht auch immer – eine gewisse Sympathie.

Das erste Date erfüllt mehr einen *„Know your enemy"* Charakter, man nehme als Beispiel den Kontakt in einer Bar oder in einem Club her, welcher sich, auch wenn gewollt, doch eher spontan ergibt. Daher kann man davon ausgehen, dass ein weiteres Treffen sowohl die Gefühle einer Frau als auch deine Empfindungen verändern wird. Hier entscheidet sich dann, ob, wie und wann es zu einer Partnerschaft oder zu einer Affäre kommen wird. Hier wird bestimmt, wer mit wem und warum überhaupt. Es ist der Moment, den man nicht beschreiben kann, der aber unbeschreibliche Gefühle entstehen lässt, oder aber auch alles zerstören kann.

Im Normalfall wird damit begonnen, belanglose Konversation zu führen. In diesen ersten Minuten wird abgewogen, was man denn heute alles so erzählen kann, ohne sich lächerlich zu machen, oder ein falsches Bild von sich zu ermitteln. Mit den Ex-Freunden loszulegen, wäre etwas zu derb. Also wird man sich in erster Linie auf den Abend, das Wetter, das tolle Outfit der Partnerin oder anderen Dingen als Gesprächsstoff schadlos halten. Ein sehr wichtiger Aspekt dieses Abends wird wohl der Fluss der Konversation sein. Sitzt man sich gegenüber und hat nichts zu sagen, so ist der Abend wohl endlich. Es liegt also an uns, für etwas Unterhaltung zu sorgen. Absolute Tabuthemen sollten aber, wie bereits oben erwähnt, ehemalige Beziehungen, die Politik oder die gemeinsame Zukunft sein. Vielleicht kennt ihr ja den Moment, in dem man sich schweigend ansieht und man sich nicht im Klaren darüber ist, wie es weitergehen soll. Mein Tipp an dieser Stelle: Ehrlich sein, Frauen schätzen nichts mehr als Ehrlichkeit. Es gibt keine Garantie für einen gelungenen Abend, es gibt nur eine Garantie für sich selbst. Wenn der Abend wirklich erinnerungswürdig verlief, was spricht dagegen, es ihr zu sagen? Natürlich könnte man sie damit überfordern, aber sind wir uns einmal ehrlich, möchtest du einen Menschen, bei dem du nur über Umwege erfahren kannst, wie es ihm geht? Möchtest du jemanden, bei dem du zweimal überlegen musst, wie du es ihm oder ihr sagst? Gerade bei Gefühlen sollte das bitte nicht so sein. Wenn du ehrlich zu dir und deinen Gefühlen bist, dann werden sich in deinem Munde Worte formulieren, die aus dem Herzen kommen. Und was könnte das Herz einer Frau schneller zum Schmelzen bringen, als ein Mann, der über seine Gefühle ihr gegenüber mit absoluter Überzeugung spricht? Meiner Erfahrung nach wird die Aussprache von Gefühlen von der Partnerseite meist erst nach einer gewissen Aufwärmphase möglich. Wahrscheinlich liegt es daran, dass man sich damit verletzen könnte oder es ist ein anderer Sicherheitsgedanke, dem ich nicht folgen kann. Ich als Mann würde es mir so sehr wünschen, wenn Klarheit herrschen würde. Was genau tun wir hier und was genau hat der Abend mit sich gebracht? Das Traurige daran ist, dass die beste Freundin deines „Schwarmes" bereits kurze Zeit danach besser über den Abend informiert sein wird, als du es jemals sein wirst.

Auch wenn dies so sein wird, sei dir bewusst, dass es nicht die Schönheit oder der Reichtum eines Mannes sind, die eine Frau an den Partner binden. Die Qualitäten oder die Entscheidungsgrundlage zu Beginn einer Beziehung/Partnerschaft liegen an dir und dem, was in dir steckt. Die so oft erwähnten inneren Werte kommen jedoch nur dann zum Vorschein, wenn das Gesamtpacket stimmt. Es ist der Kerl, der in dir steckt, deine Art zu denken, deine Art zu Handeln, deine Fähigkeit für sie da zu sein sowie noch Tausend Dinge mehr, weswegen diese Frau deine Partnerin sein möchte. Wenn es nicht so sein sollte, dann verschwende keine Zeit und trenne dich von dem Ballast. Wer möchte einen Partner an seiner Seite haben, der nur in guten Zeiten zu einem steht? Auch wenn am Anfang einer Beziehung alles wunderschön, faszinierend und atemberaubend ist, der Alltag kommt bestimmt, Schönheit vergeht und nur der Geist und der enge Zusammenhalt sind im Alter Grund genug, füreinander da zu sein.

Kapitel 2 Wann ist es Liebe?
Sie: Wann bin ich in ihn verliebt?

Auf diese Frage gibt es – genauso wie auf die Liebe an sich – wahrscheinlich so viele Antworten, wie es Sterne am Himmel gibt. Ab wann können wir sagen, dass es Liebe ist?

Gibt es diesen einen Moment, in dem sich die Schmetterlinge im Bauch zu diesem Gefühl verändern, eigentlich? Wenn ja – bemerken wir ihn? Oder ist Liebe ein Prozess, der sich entwickelt. Langsam und still, und einfach irgendwann da?

Ich glaube wir müssen uns, um diese Frage als Erwachsene beantworten zu können, zuerst einmal ein bisschen zurückdenken in unsere Jugend.

Die sogenannte große Liebe.

Begegnen wir ihr zum ersten Mal in unserem Leben, sind wir überzeugt davon, dass es sie nur ein einziges Mal auf diesem Planeten geben kann. Nichts gibt es, was uns vom Gegenteil überzeugen kann, niemanden wollen wir hören, der uns sagt – das vergeht und kommt dann auch irgendwann wieder. Die erste Beziehung ist für uns etwas Einzigartiges, es ist das erste Mal, dass wir an einer anderen Person in dem Sinne „festhalten" wollen, dass wir uns nicht mehr vorstellen können, ohne diesen Menschen an unserer Seite zu leben. Aber, ist das dann schon Liebe oder ist es doch „nur" ein erstes Verliebtsein, das man eigentlich noch gar nicht richtig begreifen kann?

Unendlich groß scheint der Schmerz, wenn wir diese erste Beziehung beenden oder sie beendet wird. Wir waren in diesem Moment vor vielen Jahren unfähig, uns vorzustellen, dass das Leben jemals wieder weitergehen kann. Dass es irgendwann wieder besser wird, und da draußen in der großen, weiten Welt auch noch andere Menschen sind, denen wir irgendwann unsere Liebe schenken können. Weil wir damals noch daran geglaubt haben, dass es die große Liebe nur ein einziges Mal gibt.

Ich für meinen Teil habe im Laufe der Jahre erkannt (oder glücklicherweise erkennen dürfen), dass es diese Art der Liebe nicht nur einmal gibt. Es ist vielleicht dann nicht mehr die erste, und man nimmt aus jeder Beziehung seine Erfahrungen mit. Aber essentiell ist eigentlich nur: Es ist ein anderer, ein neuer Mensch dem wir dann begegnen dürfen. Und die Liebe zu ihm kann ganz anders sein als zum vorherigen Partner. Nicht weniger „groß", nicht weniger intensiv, aber sie ist schon alleine deshalb anders, weil es ein neuer Mensch ist, dem wir dieses Gefühl entgegenbringen.

Und genau so, wie sich das Empfinden mit jedem Menschen, den wir treffen, ändert, genau so ändert sich im Laufe der Zeit auch die eigene Definition darüber, was Liebe eigentlich ist.

Früher hätte ich auf diese Frage geantwortet – es ist Liebe, wenn ich mir ein Leben ohne den anderen nicht mehr vorstellen kann. Wenn ich jede freie Minute meiner Zeit mit dem anderen verbringe und gar nicht mehr alleine sein will. Wenn ich alles mit dem anderen teile. Heute, nach Jahren, in denen ich sowohl sehr glückliche als auch unglückliche Momente und Beziehungen erlebt habe, ist Liebe für mich, wenn ich einem Menschen dieses innige Gefühl entgegenbringen kann, ohne dass ich dafür jede Minute physisch an seiner Seite sein muss. Wenn ich einen Menschen ohne jegliche Vorurteile oder Kompromisse annehmen kann, so wie er ist. Inklusive all der kleinen Fehler, die jeder von uns hat. Wenn ich mit jemandem leben kann, gemeinsame Pläne schmieden kann, und dabei trotzdem genug Platz für mich ganz alleine finde. Wenn mich jemand so liebt, wie ich bin, und diese Liebe Bestand hat.

Es hört sich einfach an, ist in Wirklichkeit aber höchst kompliziert. Zu schnell finden wir an einem neuen Partner immer irgendwelche Kleinigkeiten, die wir eigentlich gar nicht so schnell entdecken wollen. Etwas, das man irgendwie ändern möchte, es aber dann trotzdem nicht tut, man will den anderen ja nicht verbiegen.

In früheren Jahren habe ich über solche Kleinigkeiten immer hinweggesehen und habe mir mehr als einmal gesagt, es würde mich nicht stören – auch wenn ich im Nachhinein entdecken musste, dass es manchmal Eigenschaften waren, mit denen ich auf Dauer nicht leben hätte können. Heute bin ich nicht mehr bereit, so einfach Kompromisse einzugehen. Das bringt zwar auch mit sich, dass man so etwas wie Liebe nicht mehr so einfach findet. Aber ist es nicht ohnehin ein zu kostbares Gefühl, um es für jeden zu empfinden? Ich glaube, das ist gar nicht möglich. Denke ich an meine Beziehungen der vergangenen Jahre zurück, so finde ich zwar in jeder glückliche Momente und Erinnerungen an schöne Zeiten, aber es sind nur ganz wenige darunter, von denen ich auch nachdem sie aus den verschiedensten Gründen beendet wurden, sage, dass ich diese Person wirklich und aufrichtig geliebt habe.

Es reicht zwar auch das Verliebtsein aus, um für eine gewisse Zeitspanne im Leben glücklich zu sein, aber Liebe, tief empfundene Liebe, ist etwas anderes. Sie ist frei von Zeit und Raum. Frei von Sprüchen wie „Es braucht Zeit um jemanden zu lieben!". Ja, natürlich braucht es Zeit, um jemanden kennenzulernen. Dennoch bin ich überzeugt davon, dass man keinen wirklichen Zeitpunkt festlegen kann, dass es keine Vorgaben gibt, ab wann man von einem anderen Menschen sagen kann, dass man ihn liebt. Man fühlt es, und wie viel Zeit dabei vergangen ist, das variiert von Mensch zu Mensch. Liebe ist ein Gefühl, das ganz tief in dir drin ist. Etwas, das dir einerseits gut tut, und dich andererseits auch oft verletzt. Tief empfundene Liebe kann dir das schönste Glück auf Erden bescheren, aber sie ist auch imstande, dir das Herz zu brechen. Du kannst dich in einem Moment himmelhochjauchzend fühlen und meinen, nichts und niemand auf dieser

Welt könnte dich davon abhalten, dieses Glück auf immer und ewig festzuhalten. Und im nächsten Moment ist genau das Gefühl, das dich zuerst so glücklich gemacht hat, dafür verantwortlich, dass es dir unendlich schlecht geht.

Wir wünschen uns jedes Mal, wenn wir es empfinden, dass es niemals aufhört. Dass es uns ein Leben lang begleiten wird. Ich kenne sehr wenige Menschen, denen es gelingt, dieses Gefühl mit einem Partner wirklich ihr ganzes Leben lang festzuhalten. Und wenn ich auf ein Paar treffe, das dies wirklich leben kann, bin ich nicht nur voller Freude für diese zwei Menschen, sondern auch voller Respekt. Weil Liebe etwas ist, woran du jeden Tag arbeiten musst. Du musst sie hegen und pflegen. Immer wieder, immer weiter. Und nie darauf vergessen, dass man sich darum kümmern muss. Jeder von uns, der dieses Gefühl einem anderen Menschen gegenüber irgendwann als selbstverständlich annimmt, verliert es. Weil es, wenn wir nicht darauf aufpassen, vergänglich ist. Und es passiert leider viel zu oft, dass wir dieses Vergängliche nicht bemerken. Irgendwann passiert es einfach und wir können dann im Nachhinein gar nicht sagen, an welchem Zeitpunkt es aufgehört hat. Dies trifft im Übrigen nicht nur in vermeintlich gut funktionierenden Beziehungen zu, auch wenn wir unglücklich verliebt sind oder lieben, dann gibt es eines Morgens nach dem Erwachen dieses Bewusstsein darum, dass es vorbei ist. Und auch wenn wir uns zuvor in all unserem Liebeskummer irgendwann gewünscht haben, dass dieser Moment kommt, auch wenn wir bis zu diesem Zeitpunkt sehr genau wissen, was wir alles veranstaltet haben, um unser Herz wieder zu kitten, wir können dennoch den Moment nicht bestimmen, in dem es plötzlich weg war, in dem wir uns „entliebt" haben. In diesem Fall ist es ausnahmsweise auch gut, dass Liebe vergänglich sein kann. Denn nur so werden wir wieder frei, in Gedanken und im Herzen. Und nur so können wir, wenn wir Glück haben, wieder zulassen, dass ein anderer Mensch unser Herz erobert. Auch wenn es am Beginn einer solchen Wegstrecke unmöglich erscheint.

Und an einem Punkt, an dem du überhaupt nicht mehr daran glaubst, dass es einen passenden Menschen für dich gibt, an dem du wahrscheinlich auch gar nichts suchst und eigentlich zufrieden mit dir selbst bist – genau dann passiert es manchmal, dass dir plötzlich jemand gegenübersteht und du bist bereit, dich wieder auf dieses Spiel des Lebens einzulassen. Und dann gibst du alles, um das Gefühl, dass sich langsam aber sicher in dir aufbaut, festzuhalten. Und vergisst, dass Du schon mal gesagt hast „Ich werde nie wieder jemanden so lieben wie Dich!", du vergisst, dass dein Herz schon mal gebrochen war, dass du dir einmal ein Leben ohne eine bestimmte Person nicht mehr vorstellen konntest. Auch wenn den Singles unter uns das sehr schleierhaft erscheint, auch wenn wir uns – alleine – gar nicht vorstellen können, dass es so jemanden gibt. Dennoch bleiben in jedem von uns irgendwie der Wunsch und die Hoffnung, es würde irgendwann wieder eine Person geben, mit der wir dieses einzigartige Gefühl teilen können. Und dieser Wunsch treibt dich weiter voran, bringt dich dazu, irgendwann wieder zuzulassen, dass dir ein anderer Mensch näherkommt. Dass du ihn kennenlernst, und auch bereit bist, diesem Menschen zu zeigen, wer du in deinem Innersten bist.

Ein Mensch, der dich liebt, ist jemand, der dich irgendwann wirklich kennt. Der weiß, wie du worauf und warum reagierst, der deine unzähligen kleinen Gewohnheiten im Alltag kennt. Liebe kann in kleinen Momenten ausgedrückt werden. In unwichtigen Dingen, die uns normalerweise gar nicht auffallen. Liebe kann sein, dass dir dein Partner deinen Kaffee am Morgen perfekt, so wie du ihn trinkst, zubereitet. Liebe ist, wenn du in der Früh aufwachst, völlig verschlafen aussiehst, ungeschminkt und ungekämmt bist, wenn du dich selbst im Spiegel fast nicht erkennst, und dein Partner sieht dich an und sagt dir, dass er dich liebt, genau so wie du bist. Liebe ist, wenn du dem anderen aufrichtig dein Herz schenkst, bereit bist, eine Wegstrecke deines Lebens mit ihm zu gehen. Liebe ist, die erste gemeinsame Wohnung auszusuchen, sich ein Nest zu bauen.

Aber Liebe ist auch, jemanden gehen zu lassen, für den man alles empfindet, loszulassen, wenn dein ganzes Gefühl dagegen spricht. Dein Innerstes schreit „Ich will Dich nicht verlieren!" und trotzdem weißt du ganz genau, dass es in dem Moment das Beste für den anderen und auch dich ist, wenn du ihn gehen lässt.

Liebe ist ein Gefühl, das uns erfüllt, wenn es beide glücklich macht, aber andererseits auch bestehen kann, wenn der andere diese Liebe in dem Moment nicht erwidern kann. So oder so, aufrichtige Liebe hat Bestand. Egal, ob wir uns das in der gegebenen

Situation wünschen oder nicht. Sie begleitet uns, ist immer irgendwie an unserer Seite. Treffen wir auf einen Menschen, der uns Gleiches zurückgeben kann, dann teilen wir sie. Sind wir alleine damit und ist es aus irgendwelchen Gründen nicht möglich, die Liebe zu leben, so ist sie ein Gefühl, das einfach für eine gewisse Zeit tief verborgen in unserem Herzen ist. Liebe kann bedeuten, dass der andere gar nicht weiß, was man für ihn empfindet. Und auch wenn sie einen irgendwann verlässt, auch wenn wir uns irgendwann dessen bewusst werden, dass es vorbei ist und sich das Gefühl verändert hat, so werden wir dennoch nicht vergessen, was wir dieser Person gegenüber empfunden haben.

Das ist für mich die Antwort auf die Frage, wann ist es Liebe? Ein einfaches Verliebtsein vergisst du irgendwann. Wenn es Liebe war oder auch ist, dann wirst du das Wissen darum in deinem Herzen tragen. Auch wenn das Gefühl an sich manchmal nicht für immer anhält. Auch wenn es sein kann, dass sich deine Wege, und die der geliebten Person trennen.

Du weißt, wann es Liebe ist, weil du es tief in dir fühlst.

Kapitel 2 Wann ist es Liebe?
Er: Wann bin ich in sie verliebt?

Wann kann man es kundtun, dass man sich in einer Beziehung befindet und wann nicht? Wann kommt der Zeitpunkt, an dem die Schmetterlinge im Bauch vom Gefühl der Sicherheit abgelöst werden? Wann kann man sich eines Partners wirklich sicher sein und wann können wir ohne Probleme auch den anderen erzählen, dass wir bereits vergeben sind. Wann ist also der richtige Zeitpunkt gekommen, an dem diese Bekannte zur Freundin wird?

Vorweg sei gesagt, dass es keinen Termin für solche Vereinbarungen gibt, entweder es passiert oder es passiert eben nicht. Ich bin kein Freund von solchen Events, die sich monatlich oder jährlich periodisch wiederholen. Meiner Meinung nach gibt es nur so etwas wie einen „Kennenlerntag" oder maximal einen „Da haben wir uns zum ersten Mal geküsst Tag" mehr aber auch nicht. Aber wie könnte man sagen, dass genau am Tage X des Monats Y dein Herz für den jeweils anderen zu schlagen begonnen hat? Dies stellt wirklich ein Ding der Unmöglichkeit dar. Aber hey, Frauen gefällt es, wenn sie ab und zu daran erinnert werden und von ihrem Liebsten mit einem Abendessen und Blumen überrascht und verwöhnt werden. Ja das ist es wohl, was Frauen wirklich glücklich macht, hin und wieder einmal eine kleine Aufmerksamkeit, dann wieder etwas Spontanes und dann wieder etwas, das darauf hinweist, dass man diesen einen Tag, an dem sich die Lippen oder auch die Blicke das erste Mal trafen, nicht vergessen hat und es nach wie vor als etwas Besonderes empfindet. Komischerweise sind solche Events für Männer des Öfteren mehr Verpflichtung als Event. Sicher, es wird auch für uns schön sein, dennoch könnte die Erinnerung an so einen Tag verblassen. Ein einmaliges Vergessen wird jedoch auch Klarheit darüber verschaffen, was uns in Zukunft bei einem etwaigen nochmaligem Verstoß dagegen blüht. Aber im Grunde genommen sind auch wir begeistert von der Idee, mit der Liebsten gemeinsam etwas zu unternehmen, was aber nicht zwangsläufig dazu führt, dass wir auch mit anderen unterwegs sind. Aber lassen wir das, generell ist es einfach notwendig, einem Jahrestag oder anderen Dingen den nötigen Respekt entgegenzubringen. Es sollte einer dieser Tage werden, an dem ihr gemeinsam die Seele baumeln lassen könnt. Der Alltag sollte an diesem Tag hinter euch gelassen werden und dieser Tag gemeinsam „erlebt" werden.

Sicher kennt jeder von euch diese Cartoons, welche meistens in einer Tageszeitung abgebildet von der wahren Liebe zeugen. Oder auch Auskunft darüber geben, wann es tatsächlich Liebe ist. Ich bin mir sicher, dass das im Kern durchaus stimmt. Aber wenn wir jemanden kennenlernen und unser Hochgefühl der Verliebtheit sich schön langsam realisieren lässt und danach in Liebe umschlägt, dann sind das wohl in jeder Beziehung unvergessliche Momente.

Etwas romantischer würde sich dies dann in etwa so anhören: „Wenn die ersten Momente trauter Zweisamkeit genossen und genügend Ambrosia vergossen, dann lässt sich sagen, ein Leben allein wäre nur schwer zu ertragen."

Doch wie kommen wir nun in diesen Genuss, der uns all diese süßen Leiden beschert, die uns neben einem Menschen durch das Leben gehen lassen und in dem wir sicher sind, einen Partner ge funden zu haben, der nicht nur in guten Zeiten zu uns hält.

Wenn es dafür eine Lösung gäbe, dann wäre der Erfinder oder die Erfinderin dieses Rezeptes nicht nur reich, man würde sogar Denkmäler für ihn oder sie bauen lassen oder Städte nach ihnen benennen. Da dieses Geheimnis aber weder bekannt noch entschlüsselt wurde, müssen wir uns auf unser eigenes Bauchgefühl und unsere Erfahrungen besinnen.

Wir haben also die betreffende Person schon des Öfteren getroffen und wir empfinden durchaus so etwas wie Verlangen. Gut. Dann haben wir schon einmal Phase eins erledigt. Die Frau ist bekannt und sie ist auch nicht abgeneigt mit uns des Öfteren gemeinsamen Events zu frönen. Die nächsten Schritte werden sich also ergeben, quasi Hand in Hand durchs Wunderland. Mit jedem Treffen, mit jedem Gespräch, mit jeder SMS wird ein Band gewebt, welches sich in weiterer Folge Beziehung nennt. Wird dieses Band anfänglich zart und zerbrechlich sein, so wird es mit der Zeit immer stärker werden. Wenn du dir Abends die Sterne ansiehst, dann kannst du davon ausgehen, dass dein Schatz, sofern er nicht gerade bei dir weilt, sich genau die selben Sterne ansieht, sicher aus einem anderen Winkel, aber die Sterne sind dieselben. Und genauso wie mit dieser Sicht verhält es sich auch mit allen anderen Dingen einer Beziehung. Wenn du dir nicht sicher bist, wie kannst du davon ausgehen, dass sie sich dir sicher ist? Gar nicht, hierzu bedarf es die ausgesendeten Signale zu empfangen und umzusetzen. Aber ist es wirklich so einfach, zu sagen, ab heute sind wir zusammen? Ist es nicht eher mehr die Routine, die ein Paar zusammenschweißt?

Haben wir die erste Phase einmal überwunden und auch schon einige Nächte zusammen verbracht, entwickelt sich in uns so etwas wie ein Zusammengehörigkeitsgefühl. Vergleichbar mit Teamkollegen oder Freunden, je öfter man sich sieht, desto mehr Verbundenheit wird auch spürbar. Man entdeckt auf einmal Seiten an der betreffenden Person, derer man sich vorher gar nicht so bewusst war. Klar, der erste Eindruck ist das Äußere, wenn dies nicht einigermaßen ansprechend ist, wird sich mit größter Wahrscheinlichkeit nicht viel entwickeln. Auch wenn es offiziell immer nur um die inneren Werte eines Menschen geht. In Wirklichkeit ist der erste Eindruck der, der zählt. Erst dann können sich Gefühle entwickeln, weil der Platz dazu in deinem Herzen einfach dazu einlädt.

Erst dann wirst du feststellen, welch besonderer Mensch an deiner Seite ist, oder was für eine „Lusche" du dir da eingehandelt hast. An Wichtigkeit kaum zu übertreffen ist wohl deine eigene Meinung, welche am besten unbeeinflusst von anderen getroffen werden sollte. Es gibt genügend Beispiele dafür, dass eine Beziehung beendet wird, weil der Partner einfach nicht das „gewisse Etwas" mit sich bringt.

Was aber ist dieses „gewisse Etwas", das zwischen Sieg und Niederlage in einer Beziehung entscheidet?

Viele Menschen erzählen immer wieder von dem oder der einen, die sie suchen und irgendwann zu finden gedenken. Ich aber sage, wenn du immer nur auf der Suche bist, wirst du nicht fündig werden. Wie auch? Die Erwartungen und Vorstellungen sind teils veraltet, teils zu hoch gegriffen und wenn man sich von diesen Vorurteilen beeinflussen lässt, wird man wohl des Öfteren den Weg nach Hause alleine gehen. Zur Liebe gehören sowohl gute als auch schlechte Erfahrungen.

Den perfekten Verlauf einer Beziehung gibt es nicht. Sich erblicken, sich gegenseitig verträumte Blicke zuwerfen, sich in die Arme fallen und kurz vor dem Traualtar wieder aufwachen, diese Vorstellung von einer perfekten Beziehung können wir als Wunschdenken abtun. Sicher sind wir verliebt wie junge Küken, die eifrig nach dem Samen des Lebens picken, aber dennoch müssen wir lernen, zu wachsen und zu gedeihen. Wir müssen lernen, unsere Liebe zu behüten sie vor den Unwettern und anderen Problemen dieser Welt zu beschützen und wir müssen lernen, zu geben. Viel zu oft entstehen Streitereien nur aus eigenen Vorurteilen. Manchmal wir hier einfach überreagiert und es werden nur die Bedürfnisse des Einzelnen in den Vordergrund geschoben. Die daraus entstehenden Probleme resultieren aus der Problematik des Individuums selbst. Wäre es nicht besser, einen Schritt zurückzugehen, und dann gemeinsam einen Schritt nach vorne zu gehen? Wäre es nicht von Vorteil, die Frau an seiner Seite so zu nehmen, wie sie ist? Ohne Kompromisse und ohne Veränderungen? Ein Wesen, deren Art dich immer wieder aufs Neue verzaubert?

Wenn du bereit bist, Kompromisse einzugehen, Probleme zu lösen und gemeinsam mit ihr an eurer Zukunft zu bauen, dann kannst du von Liebe sprechen. Trachte nicht danach, ihr diesen albernen Gedanken vom Ritter am weißen Pferd zu erfüllen, trachte danach, mit ihr gemeinsam die Herausforderungen und Aufgaben des Alltages zu meistern. Probleme wird es früher oder später sowieso geben, warum also schon im Vorhinein in irgendwelche Eifersüchteleien verfallen, die sich nach einer Diskussion sowieso wieder in Wohlgefallen auflösen? Genießt doch die Momente der Zweisamkeit, damit ihr euch immer an den Anfang eurer Beziehung erinnern könnt und dieser Tag, oder besser gesagt diese Phase, gehört dementsprechend gefeiert, nicht nur ein Tag oder eine Uhrzeit, nein, es ist die Anfangszeit, die euch in Erinnerung bleiben wird.

Wenn ich auf meine Beziehungen zurückblicke, dann stelle ich fest, dass ich der Frage „Wann ist es Liebe?" oft genug nachgestellt habe, diese aber auch oft genug vertan habe. Ich habe zu viele Fehler gemacht, um sie hier aufzuzählen. Aber es lag wohl meistens daran, dass man mit falschen Erwartungen in eine Verbindung ging. Wenn ich mich recht erinnere, so war es wohl unter anderem auch mein Drängen, wodurch mir manch schöne Beziehung vorenthalten blieb. Es war aber auch mein Unverständnis anderen Personen gegenüber, die nur mein Bestes wollten. Leider war ich nicht in der Lage, dies zu erkennen. Einer meiner häufigsten Fehler: Zu hohe Erwartungen, nicht jede Frau mit der man einmal eine Nacht verbringt, ist auch die Frau deines Lebens. Oh Gott, wie falsch lag ich damals! Ich lernte Frauen kennen, wir tauschten sowohl Email als auch Handynummern aus, und dennoch wollten sie sich nicht melden. Ja, es war meistens mein Fehler, weil ich es nicht erwarten konnte, endlich diesen Single-Status abzulegen und in eine gemeinsame Zukunft aufzubrechen. Warum auch immer, ich war nicht in der Lage, die Momente zu genießen, weil ich alles übereilte und ich falsche Vorstellungen hatte. Heute, wenn ich diese Zeilen lese, stelle ich fest, dass alles so einfach hätte sein können. Hin und wieder denke ich an vergangene Beziehungen und Erlebnisse zurück und wundere mich, warum ich damals so reagiert habe. Eine Frau glücklich zu machen, ist einfach und schwer zugleich. Ich für mich habe festgestellt, dass Offenheit der Schlüssel zum Herzen einer Frau ist. Niemand will Lügen oder Fähigkeiten vernehmen, welche am Anfang zwar interessant sind, dich aber im Laufe der Zeit in einem absolut falschen Licht erscheinen lassen. Denn es gilt der Grundsatz: So wie man sich bettet, so liegt man. Das will heißen: So wie du in einer Beziehung beginnst, so musst du diese auch fortführen, genauso und nicht anders wird es von dir erwartet.

Abschließend noch ein Tipp:
Nimm dir Zeit, Zeit und nochmals Zeit. Die Grundlage einer funktionierenden Beziehung, welche mit Liebe behaftet, Genera-

tionen übersteht, ist gespickt mit Zuneigung, Toleranz, Freiheiten und vor allem Gesprächen. Es bringt doch nichts, wenn sie einen Körper mitbringt, der einer schwedischen „Bikiniteam-Nixe" entspricht, ihr Gehirn aber eher dem Suppentopf von Oma gleicht. Sicher, sie ist schön anzuschauen, aber was wirst du in zehn Jahren an deiner Seite vorfinden, wenn die Schönheit vergangen ist und nur mehr der Intellekt bleibt? Ist es dir dann noch immer wichtig, dass du vor einem deiner Freunde als der Obermacker dastehst, der nur die Schönste der Schönen an seiner Seite duldet? Oder ist dir vielleicht eine gemeinsame Zukunft wichtiger? Eine Zukunft, die sich von zwei intelligenten Menschen mit Leichtigkeit planen lässt und eine Zukunft auf die ihr euch beide als gleichberechtigte Partner freuen könnt. Deshalb genießt die Zeit, füllt sie aus mit Gesprächen und im Handumdrehen werdet ihr feststellen, dass ihr nicht mehr ohne einander sein könnt. Ihr werdet erkennen, wie schnell die Phase der Verliebtheit in Liebe überschlägt und wie sehr diese Liebe euch mit Energie an einem kalten Regentag versorgt. Ihr werdet erfahren, dass dies genau das Eure sein wird.

Kapitel 3 Die beste Freundin
Sie: Meine beste Freundin

Wer ist sie, dieses Wesen, das immer an unserer Seite zu sein scheint? Diese – aus Männersicht – Festung in unserem Leben, die es erst einmal zu erobern gilt, bevor er sich wirklich sicher sein kann, dass wir mit der Kombination Beziehung Ich-Er-Sie zufrieden sind?

Männer denken ja immer, dass wir Frauen uns ohnehin alles erzählen. Dass es kein einziges Geheimnis gibt, welches vor uns sicher ist. Aber halt, liebe Prinzen – das ist eigentlich kein ungeschriebenes Gesetz. Nur in diesem einen Fall, nur wenn es wirklich DIE BESTE ist, dann müsst ihr schon damit rechnen, dass sie unter Umständen Details von euch weiß, die ihr lieber geheim gehalten hättet.

Sie ist es nämlich, die von Anfang an in unsere Beziehungen oder auch Nicht-Beziehungen in irgendeiner Art und Weise Einblick hat.

Fangen wir mal ganz vorne an – nach Monaten, in denen wir Single sind, diese Lebensweise mal mehr und mal weniger genießen (ja, denn sie ist die ganze Zeit an unserer Seite und weiß infolge dessen auch, wie sehr wir mit uns gekämpft haben um mit diesem Dasein zufrieden zu werden) kommt es zum ersten Date. Dieses Ereignis an sich muss dann selbstverständlich gleich besprochen werden. Zu diesem Zeitpunkt sind meist nicht mehr Details über

IHN verfügbar als die Klassiker: Name, Alter, Herkunft, Beruf, Aussehen. Sollte es in dieser kurzen Aufzählung schon irgendwo ein No-Go geben, werden wir es im Gespräch mit der besten Freundin unverblümt aufs Tablett bekommen.

Es ist eine sehr besondere aber manchmal auch harte Eigenschaft, dass es da einen Menschen gibt, der immer offen und ehrlich genau das sagt, was er sich denkt. Und zwar postwendend. Da kommt keine Verzögerung, keine Verschönerung, keine Verschlechterung. Die Dinge werden beim Namen genannt, so wie sie sind.

Auch wenn ihr Prinzen euch oft die Frage stellt, warum man uns Prinzessinnen alles in einen hochdiplomatischen Satz verpacken muss, bitte noch mit liebevollem Schleifchen drum rum, SIE ist genau diejenige, die es sich erlauben darf, diese Diplomatie wegzulassen (und damit hier keine falschen Hoffnungen entstehen – sie ist auch die Einzige, die das darf). Von ihr verlangen wir das sogar, auch wenn es manchmal dazu führt, dass wir zu einem sehr frühen Zeitpunkt etwas hören, was wir gar nicht hören wollen.

Zurück zum Date. Nach der ersten Rücksprache stürzen wir uns dann in das Abenteuer. Genießen es, wenn es schön ist, oder beschließen umgehend, dass es bei Date Nummer 1 bleibt, sollte es doch eher enttäuschend sein. Gehen wir aber mal davon aus, dass es funktioniert. Sie wird davon wissen. Das ist quasi unsere freundschaftliche Pflicht. Außerdem haben wir immer den Drang, mit einer Frau darüber zu sprechen, was in uns vorgeht, wenn wir dabei sind, uns zu verlieben.

Demnach wird sie die entstehende Beziehung von Beginn an begleiten. Wie ein Ghostwriter, der zwar da, aber doch nicht sichtbar ist.

Irgendwann ist es dann so weit – die erste Gegenüberstellung. Was dann auch in uns ein kleines Chaos auslöst, denn schließlich sind wir erstens verliebt zweitens ist es uns schon sehr wichtig, dass sich der Angebetete und die Herzallerliebste gut verstehen. Klar, jetzt gibt's ganz viele unter euch, die mir sagen: Wenn ich wirklich und aufrichtig liebe, dann ist es völlig egal, wer was darüber denkt und ob das die Menschen um mich herum akzeptieren. Diese Vorstellung hatten wir alle einmal und in Einzelfällen mag das auch so sein. Aber wir sollten uns mal recht überlegen, wer denn Bestand an unserer Seite hat. Wer ist da, egal ob es gut oder schlecht läuft, wer begleitet uns durch Single-Tage ebenso wie durch Beziehungsphasen? Richtig, die beste Freundin oder auch der beste Freund. Infolge dessen bin ich zu der Überzeugung gekommen, dass sie ein Recht darauf haben, den neuen Partner kennenzulernen. Und dass es doch sehr wichtig ist, dass sich die beiden dann verstehen können. Denn nur dann sind wir Mädels richtig im Einklang. Und – Hand aufs Herz – nur dann macht's auch richtig Spaß. Natürlich, man kann nicht immer erwarten, dass jeder mit jedem gut Freund wird. Aber es gibt doch nichts Schöneres, als wenn man die Freundschaft und die Beziehung in irgendeiner Art und Weise in Einklang bringen kann.

Was natürlich nicht bedeutet, dass die beste Freundin immer und zu jedem Zeitpunkt an unserer Seite sein muss. Das ist dem Guten dann auch etwas zu viel. Hab ich schon erlebt, der beste Freund meines damaligen Freundes, den ich quasi gratis dazubekommen habe. Er war wöchentlich mindestens ein Mal bei uns zum Essen (und hat mir dann beinahe die Haare vom Kopf gefuttert), wollte zu jeder Tageszeit betütelt und integriert werden. An jedem Samstagabend wollte er dabei sein und dann bitte auch nach Hause gebracht werden, und wenn er dann mal Hilfe gebraucht hat, war es eine absolute Selbstverständlichkeit in jeder Lebenslage, dass wir das mit dem Helfen übernommen haben. Ich hab mich manchmal gefragt, ob als Krönchen oben drauf dann noch kommt, dass er irgendwann zwischen uns im Bett liegt. Nein, dass war dann auch wieder zu viel. Ein Mittelmaß muss her. Das Verständnis darum, dass es eine wichtige Person in unserem Leben ist, dass allerdings auch unser neuer Partner in der Prioritätenliste ganz oben steht. Das ist es nämlich, wenn wir ehrlich sind.

Nein – sie ist kein Monster, das sich in unsere Beziehung drängt. Sie ist auch nicht diejenige, die eifersüchtig reagiert, wenn wir dann einen neuen Partner an unserer Seite und dadurch weniger Zeit für sie haben (zumindest in der Anfangsphase, meist reguliert sich das dann wieder einigermaßen). Sie ist einfach ehrlich zu uns. Und solltet ihr euch, warum auch immer, fragen, ob sie uns irgendetwas einredet, das sich negativ auf euch auswirken könnte, dann tut uns das leid. Außer ihr habt wirklich Scheiße gebaut.

Dann hören wir uns das genauso offen und unverblümt an, als würde sie uns selbst den Kopf waschen – was auch hin und wieder passieren kann.

Liebe Prinzen, unsere beste Freundin ist kein Schreckgespenst. Sie ist unsere Festung, unser Pfeiler im Leben, der uns immer wieder auffängt. Und dadurch habt ihr im ersten Moment vielleicht den Eindruck, ihr müsstet ihr um jeden Preis gefallen und sie mögen. Was ihr eigentlich tun müsstet, ist ganz offen und normal auf sie zuzugehen. Denn wenn sie weiß, dass wir viel für euch empfinden, dann wird sie euch auch annehmen. Auch wenn das nicht immer ganz ohne Wenn und Aber vonstattengehen wird. Außerdem ist es ja eigentlich gut, dass wir außer euch noch jemanden haben, mit dem wir alles besprechen können.

Betrachten wir mal einfach die Fakten: Ein durchschnittlicher Mann spricht am Tag bis zu 70.000 Wörter. Wir Mädels brauchen das Dreifache, mindestens. Ihr würdet doch das gesamte Wortvolumen, welches wir tagtäglich quasi automatisch zur Verfügung haben, gar nicht ertragen. Es wäre euch zu viel. Und so könnt ihr darauf hoffen, dass wir einen Teil davon schon im Gespräch mit der besten Freundin verbrauchen. Und dass sie uns auch in mancher Situation, in der wir denken, wir müssten irgendwas mit euch besprechen, vielleicht schon vorher auf den richtigen Weg gebracht hat. Es sind oftmals nur Kleinigkeiten, die uns bewegen. Manchmal auch solche, von denen wir eigentlich wissen, dass ihr keinen Bock darauf habt, sie mit uns zu besprechen. Und deshalb ist es gut, dass da jemand ist, mit dem wir das eine oder andere schon vorab diskutieren können. Weil es manchmal dazu führt, dass sie uns wieder die Augen öffnet, indem sie uns sagt, was sie davon hält. Und wie sie reagieren würde. Eine zweite Meinung ist in jeder Lebenssituation gut und wichtig.

Und es mag sein, dass es euch stört, zu wissen, dass sie so ziemlich alles über euch weiß. Aber ist es nicht umgekehrt genau dasselbe? Klar, die Themen die Männer untereinander besprechen, sind andere. Ihr habt auch andere Prioritäten, was völlig in Ordnung so ist (jawohl, wir wissen um die Tatsache, dass ihr mit euren Freunden nicht nur ein Bier trinkt und wir akzeptieren das auch). Aber ganz grundsätzlich gehen wir Mädels schon davon aus, dass euer bester Freund auch so einiges über uns weiß. Und das schließt auch mit ein, dass wir wissen, dass er Details weiß, von denen wir eigentlich nicht wollen, dass er sie weiß. Aber so ist es nun mal – wir haben unsere beste Freundin, ihr habt euren besten Freund.

Und wenn wir das mal so betrachten, dass beide Menschen sind, die uns schon sehr gut kennen, in vielen Fällen jede unserer noch so verrückten Angewohnheiten oder auch kleinen Fehler, dann könnten wir von diesen Menschen eigentlich sehr viel lernen. Weil wir wissen, dass sie uns angenommen haben, so wie wir sind. Und dass sie Personen sind, die im Leben des neuen Partners eine tragende Rolle spielen, einfach weil sie schon so lange an seiner Seite sind. Und als diese dürfen sie auch einen gewissen Anspruch auf unsere Zeit haben. Oder vielmehr haben wir den

Anspruch, dass wir auch trotz einer neuen Beziehung Zeit mit ihr verbringen können.

Und wenn wir, die frischverliebten Mädels, die beste Freundin, als eine sehr wichtige Person in unserem Leben, und ihr – diejenigen, die uns Schmetterlinge in den Bauch zaubern und mit denen wir zusammen sein wollen – alle wie normale Menschen aufeinander zugehen, dann funktioniert das auch und keiner kommt zu kurz.

Wie wir es auch drehen und wenden mögen – ihr kommt einfach nicht an ihr vorbei. Nicht an den prüfenden Blicken beim ersten Aufeinandertreffen, nicht an unseren stundenlangen Telefonaten mit ihr, nicht an der Tatsache, dass wir manchmal genau dann einen Mädels-Abend machen möchten, wenn ihr einen romantischen Abend zu zweit haben wollt. Und ja, wir geben es zu – sie wissen alle Details über euch. Und manchmal reden wir furchtbar sinnfreies und kindisches Zeug mit ihr. Aber das gehört nun mal zum Frau-Sein dazu. Wir mögen uns im Einzelnen noch so sehr gegen Klischees sträuben, am Ende des Tages bleiben wir Frau. Und wenn eines zum Frau-Sein unumgänglich dazu gehört, dann ist es das Glück, eine beste Freundin zu finden (was bei Weitem keine Selbstverständlichkeit ist). Das müsst ihr einfach annehmen, alles andere würde ohnehin nur Widerstand geben.

Aber als ausgleichende Gerechtigkeit – wir können umgekehrt auch kein „schnelles Bierchen mit einem Freund" verhindern, wir sind machtlos gegen Fußball WM oder Grand Prix –können wir uns auch damit arrangieren, dass wir einfach mal für sieben Gäste kochen, wenn euer bester Freund zum Essen kommt. Auch wir werden uns mit ihm arrangieren, wenn wir euch wirklich lieben.

Kapitel 3 Die beste Freundin
Er: Ihre beste Freundin

Die beste Freundin im Wandel der Zeit:

Ein Kapitel, welches mir immer wieder das Blut in den Adern kochen lässt, ist das über die beste Freundin. Ist sie wirklich so notwendig, wie Frauen an unserer Seite immer behaupten oder ist sie für uns Männer einfach ein Objekt, welches man nicht begehren und auch nicht berühren darf? Es erinnert mich etwas an die Wachsstatuen in London, welche zwar optisch hinreißend sind, ein Berühren hätte aber schwerwiegende Konsequenzen. Nun gut, welchen Stellenwert hat die beste Freundin der eigenen Partnerin eigentlich in einer Beziehung und warum müssen sie sich denn immer wieder austauschen? Aus meiner Sicht sind wir Männer hier etwas anders. Es würde mir eigentlich im Traum nicht einfallen, über die Probleme in meiner Partnerschaft mit einer vertrauten Person zu sprechen. Sicher findet man in einem Freund etwas Vertrautes, dennoch sollten solche Dinge (Probleme) eigentlich innerhalb der Beziehung gelöst werden. Klar, hin und wieder gibt es gute Ratschläge, doch braucht man sie wirklich? Ist es nicht ungleich schöner vor einem Problem zu stehen und dieses Problem selbstständig zu lösen? Ich denke schon, denn ein Geheimnis, das man jemandem anvertraut, ist ab dem Zeitpunkt kein Geheimnis mehr. Es gibt dafür genügend Beispiele in der Literatur: Es wird immer Konsequenzen zur Folge haben, wenn man Geheimnisse ausspricht. Ob diese positiv oder negativ sind, lässt sich pauschal zwar nicht sagen, aber ein Problem, welches man im Herzen behält, wird sich eher selten auf die eigene Person auswirken. Auch wenn wir Männer hier anders sind, so lässt sich doch sagen, dass auch wir nur Sklaven unserer Gefühle sind.

Die alte Version von „Ein Indianer kennt keinen Schmerz" gehört längst der Vergangenheit an und so kann es des Öfteren zu einem privaten Austausch von Gefühlen untereinander kommen. Doch wie gehen wir eigentlich damit um? Wir behalten unsere Geheimnisse für uns. Ich würde gerne wissen, was sich Frauen den eigentlich so untereinander erzählen und inwiefern die Gewichtung auf die üblichen Probleme fällt. Oder ob sie eigentlich nur an der Oberfläche kratzen, wie wir Männer es gelegentlich und gerne tun. Wenn wir Männer auf einen Kaffee oder auch auf dieses berühmte eine Bier gehen, so wissen wir meist, was es geschlagen hat. Bei einem Bier wird es niemals bleiben und solange „Mann" noch einigermaßen klar denken kann (was mit Sicherheit bis zum zweiten Bier gilt), wird er sich nicht eingestehen, was er eigentlich an seiner Freundin hat, sei es jetzt positiv oder negativ betrachtet, wir sehen die Situation einfach realistisch und haben immer wieder den Gedanken, dass wir eigentlich alleine durch diese Welt gehen, in die wir so grausam geboren wurden.

In der Singlephase

Doch wie gehen wir wirklich mit ihm um, dem Feindbild der besten Freundin? Es gibt eigentlich nur eines zu tun. Am Anfang einer jeden Beziehung wird man quasi einmal „gecastet", dieses „Casting" zieht sich vom Anfang bis zum Ende des Freundes- und Familienkreises durch. Es liegt an uns, einen möglichst guten Eindruck zu hinterlassen und uns für weitere Abende zu empfehlen. Hat man dies geschafft und die ersten Abende hinter sich gebracht, sollte einem klar werden, was dies alles bedeutet. Wenn du die Freundin der Frau kennenlernst, an der du interessiert bist, dann kannst du davon ausgehen, dass am nächsten Tag die Telefonleitungen glühen. Das Date am Vorabend, oder der Besuch eines Lokales, in dem „zufällig" auch ihre beste Freundin zugegen war, wird bis ins kleinste Detail analysiert werden. Auch dein Anrufverhalten und deine Art, dich in Erinnerung zu rufen, (SMS, Blumen und Ähnliches) werden den Weg durch das Telefon finden. Und immer wieder wird sich die Frage stellen, ob du es wert bist und ob du der geeignete Partner sein könntest. Natürlich entscheidet nicht die beste Freundin darüber, ob du mit dem Objekt deiner Begierde eine Beziehung eingehen wirst. Sei dir nur bewusst, dass jede Aktion, die du setzt, sowohl dokumentiert als auch analysiert wird.

Eine Frau gewinnt man nicht indem man sich mit der besten Freundin gutstellt, doch kann man sich durch gewisse Aktionen oder Aussagen im Zusammenhang mit diesem Menschen sehr wohl die Zukunft verbauen. Daher gilt: Sei wie du bist und lass dich nicht unterkriegen! Zu Fragen über die beste Freundin beziehst du am besten keine Stellung, denn diese könnte gegen dich verwendet werden. Und selbst wenn die Freundin Aktionen setzt, die sie in einem Licht erscheinen lassen, das vermuten lässt, dass sie von allen guten Geistern verlassen ist, ignoriere es einfach. Lass es einfach passieren und konzentriere dich auf deine „zukünftige" Partnerin!

Deine Partnerin und sie (die beste Freundin)

Pärchen-Events sind nicht jedermanns Sache. Es gibt Menschen, die nichts lieber tun, als sich mit ihrem Partner und einem anderem Pärchen zu treffen. Ich persönlich gehöre hier mit Sicherheit nicht dazu, weil ich einfach der Ansicht bin, dass ich „unser" Leben nicht durch andere Personen bestimmen lassen will. Warum eigentlich auch, denn immerhin haben wir uns ja beide für eine Beziehung entschieden und deshalb sollte man auch versuchen, die Zeit „gemeinsam" zu verbringen. Also nicht zu viert oder zu sechst, nein, zu zweit.

Es lässt sich dennoch nicht vermeiden und „Mann" muss in den sauren Apfel beißen. Doch man sollte diesen Events keine große Bedeutung beimessen, denn es ist nun einmal so, dass deine Freundin ihren Freundeskreis hat, genauso wie du deinen. Eine Beziehung bedeutet, auch diese Zeiten so gut wie möglich durchzuhalten. Solange ihre „Seelenverwandte" also auch einen Partner hat, kannst du dich getrost zurücklehnen, denn ein Partner bedeutet auch einen männlichen Part an diesem Abend. Doch Vorsicht, sieh ihren Partner nicht als deinen besten Freund an, auch wenn er ein durchaus sympathischer Kerl ist, so ist er dennoch mit Vorsicht zu genießen. Freundschaft und die damit verbundene Verschwiegenheit passiert nicht über Nacht, sondern erfordert Aktionen, an die sich die Beteiligten kaum noch erinnern können. Man muss einmal in der Gosse liegen, um festzustellen, wer einem die Hand zum wiederaufstehen reicht. Derjenige, der das tut, ist ein besserer Freund als all die „Gloryhunter", die einem in guten Zeiten auf die Schulter klopfen. Daher gilt eigentlich immer: Analysiere die Situation richtig und behalte Geheimnisse für dich, bis du sicher sein kannst, dass keine Informationen nach draußen gehen.

Ist es dir eigentlich auch schon einmal komisch vorgekommen, dass Frauen sich mit ihrer besten Freundin relativ regelmäßig auf einen Kaffee oder auf ein Getränk zu einem fixen Zeitpunkt und an einem bestimmten Ort treffen? Was wird hier besprochen, was wird hier getan? Wir wissen es nicht, doch mit absoluter Sicherheit lässt sich sagen, dass Männer der Gesprächsstoff sind. Dies mag positiv und negativ sein, dennoch ist der Ablauf dieses „Meetings" immer einem gewissen Schema unterworfen. Es wird immer zuerst die eigene Sicht dargestellt, danach wird um ihre Meinung angefragt und schlussendlich einigt man sich auf eine Fassung, mit der beide leben können.

Doch auch wir Männer machen eigentlich nichts anderes. Dennoch habe ich nun schon so einiges erlebt und musste feststellen, dass es sich bei Männergesprächen meistens nicht um Probleme in der Beziehung dreht. Es läuft einfach viel emotionsloser ab. Es sei denn, man durchlebt gerade eine Trennung, und selbst dann wird nur kurz auf das Thema eingegangen, man bekommt Zuspruch und die Probleme werden im Alkohol ertränkt. Typisch männlich ? Hm... das könnte schon sein, Männer legen auch Wert auf einen guten Freund, doch werden sie ihn mit größter Wahrscheinlichkeit nicht jeden Tag anrufen oder über die Probleme in der Beziehung sprechen. Dies mag zwar ein Fehler sein, doch ergibt sich dies einfach aus dem Konglomerat der Erlebnisse, die wir schon auf dem Buckel haben. Es wäre vielleicht einfacher und viel stressfreier, wenn wir uns auch in einen Sog der Leidenschaft ziehen lassen könnten. Doch mir wäre bis dato noch nie aufgefallen, dass wir dies unbedingt notwendig haben.

Vielleicht ist es aber auch so, dass unsere Partnerinnen in ihrer besten Freundin eine Person sehen, die immer zu ihnen halten wird, in guten wie in schlechten Zeiten, und sie dadurch einfach auf ihre Meinung großen Wert legen. Wenn wir uns das Leben einmal ansehen, so müssen auch wir feststellen, dass Partner wechseln, aber nur wenige Dinge in unserem Leben wirklich Beständigkeit aufweisen. Eines davon sind unsere Freunde, die immer zu uns stehen werden. Es wäre also kein Fehler, wenn wir uns etwas mehr auf die weibliche Seite ziehen lassen würden.

Es hat alles keinen Sinn mehr

Wenn wir uns von einem Partner trennen, dann ist dies niemals leicht, zu viel ist passiert und die Vorkommnisse während der Beziehung lassen sich nicht mehr durch Liebe ausgleichen. Es ist an der Zeit, diesen Lebensabschnitt zu beenden und zu neuen Ufern aufzubrechen.

Auch wenn man diese Entscheidung aus gutem Gewissen getroffen hat, so bleiben doch Narben auf unserer Seele zurück. Hin und wieder, es lässt sich nicht sagen warum, denke ich auch an vergangene Beziehungen zurück und frage mich, ob dies alles so kommen hätte müssen. Ja ich frage mich sogar, ob es nicht absehbar war, dass sich der Schlussstrich unaufhaltsam näherte. Und dann, meistens in einem Lokal, wenn ich mit meinen Freunden so über unser Leben diskutiere, kommt mir der unweigerliche Gedanke, ob es nicht noch jemanden gibt, der seine Hände im Spiel hatte. Können wir uns dessen sicher sein, wissen wir, ob unsere Entscheidungen, die damals noch so felsenfest in unseren Gedanken verankert waren, wirklich von uns getroffen wurden? Oder wurden sie vielleicht von einem „Einflüsterer" bestärkt. Von einem Menschen, der eigentlich so gar nichts zu tun hatte mit der Beziehung, von einem Menschen, der einem einfach nur einen guten Rat unter Freunden geben wollte. Es wäre hirnrissig und auch gemein, die beste Freundin oder den besten Freund für das Scheitern einer Beziehung verantwortlich zu machen. Doch jeder von euch kennt wohl den Satz „Ich habe es dir immer gesagt" oder „Ich habe es kommen sehen" oder Ähnliches. Dies alles bestärkt uns in diesem Moment doch eigentlich nur, die getroffene Entscheidung weiter zu verfolgen. Auch all die Logik, die man in seinem Gehirn so mit sich trägt, bestärkt einen darin, das Richtige getan zu haben.

Doch was ist mit dem Herzen? Ist es wirklich so, dass dein Herz nicht mehr für mich schlägt, oder sind es nur die Menschen um dich herum, die dir dieses Gefühl vermitteln? Die einfach nicht sehen wollen, dass du dich in Selbstmitleid verlierst? Und kann man es ihnen verdenken?

Fakt ist, die beste Freundin bleibt ein Mensch, der zu einem Wendepunkt in deiner Beziehung werden kann. Die beste Freundin ist wie Wodka. Gewährst du ihr zu viel Raum, wird sie euch mit all der Wärme umfassen und euch in ihr Leben derart integrieren, dass ihr beide keine Zeit mehr für Zweisamkeit findet.

Wird ihr wenig bis keine Aufmerksamkeit geschenkt, so wird beim nächsten Treffen mit Sicherheit die ach so geniale Singlezeit hervorgezaubert und der Wunsch nach mehr Gemeinsamkeiten wird unwillkürlich im Mittelpunkt des Raumes stehen.

Meiner Meinung nach macht es Sinn, die goldene Mitte zu wählen (das was bei Herzblatt gut war, muss eigentlich auch hier klappen).

Kapitel 4 Eifersucht
… aus ihrer Sicht

Ein sehr gewagtes Thema, an das wir uns nun heranwagen. Eifersucht ist etwas, das uns quasi mit in die Wiege gelegt wird, ohne dass wir diese Lieferung eigentlich wollen. Und ich bin überzeugt davon, dass das nicht nur uns Frauen betrifft, sondern auch die Kollegen der männlichen Fraktion.

Die Frage ist nur, wie lebt man dieses Gefühl aus? Eifersucht gehört, genau wie alle anderen Emotionen – Traurigkeit, Freude etc. – zur Liebe dazu wie das Amen im Gebet. Aber nur ein gesundes Ausmaß davon.

Was aber ist ein gesundes Ausmaß?

Hat Frau einen Mann an ihrer Seite, der ihr andauernd erklärt, er wäre niemals und auf jemanden eifersüchtig, dann fällt es schwer, das zu glauben – denn kein Mensch ist völlig ohne Eifersucht. Und sollte sich herausstellen, dass es tatsächlich so ist, dann würde das für uns Frauen bedeuten, dass wir ihm wohl eher gleichgültig sind. Denn so ein Mindestmaß an Eifersucht kommt doch automatisch, wenn man liebt. Diese kleine Portion „sie gehört zu mir" wenn man gemeinsam irgendwo in der Öffentlichkeit ist. Diese scheinbar völlig unbewussten Reaktionen – man steht irgendwo in einem Lokal, da bemerkt er, dass sie von einem anderen Mann beobachtet wird. Jeder Prinz reagiert gleich. Er wird sogleich entweder die Hand um sie legen oder sie kurz an sich drücken, ihr einen Kuss auf die Wange geben. Um somit bewusst zu demonstrieren – das ist meine Frau! Und dieses Quäntchen Eifersucht finden wir Frauen gut. Das zeigt einem nämlich, dass der Partner stolz auf die Beziehung ist und zu einem steht.

Die Eifersucht kann aber auch zur Qual werden. Dann, wenn man das Mittelmaß nicht mehr findet. Wenn sie krankhaft wird und dazu führt, dass man den Partner kontrolliert. Wie oft habe ich mir schon von den Mädels um mich herum solche – in meinen Augen – Horrorgeschichten angehört, von wegen Handy durchstöbern, Festplatte nach früheren Fotos durchsuchen, Kontrollanrufe machen etc. Bitte nehmt es mir nicht übel, wenn ich das jetzt so feststelle, aber in dieser Hinsicht werden schon einige Klischees bedient. Frauen sind eifersüchtig und viele unter uns übertreiben es damit gehörig. Es fängt damit an, den Partner ständig zu fragen, mit wem er wo und warum ist. Waren da auch Frauen dabei? Vielleicht eine, die er gekannt hat? Und wenn auf die zweite Frage ein Ja kommt, dann ist der erste Steinwurf nicht mehr weit. Dann kommt nämlich im weiblichen Gehirn plötzlich diese Funktion auf, Dinge, die gar nichts miteinander zu tun haben, zu kombinieren. Und schon kann man aus der harmlosesten Situation einen quasi bombenfesten Beweis für Betrug machen. Es ist wie mit dem Psychiater und einem völlig gesundem Menschen. Auch dem könnte man 472 Neurosen andichten, wenn man nur wollte.

Ich persönlich finde so etwas ganz furchtbar. Am schlimmsten sind Misstrauensaktionen, wie alle Nachrichten im Handy zu durchstöbern, Nummern zu kontrollieren und so weiter. Nein, ich möchte mich jetzt nicht als die eifersuchtslose Frau schlechthin darstellen. Auch ich hatte es mit diesem manchmal sehr anstrengenden Gefühl früher nicht so leicht. Ich war rasend eifersüchtig. Und ja, es gab auch einmal in meinem Leben eine Situation, in der selbst ich – obwohl ich so etwas hasse und ausflippen würde wenn mein Partner mein Telefon durchstöbert – zum Handy meines damaligen Freundes gegriffen habe. Wollt ihr die Wahrheit wissen? Ich habe mich selbst dafür gehasst. Zum einen weil das eigentlich ein absoluter Vertrauensbruch ihm gegenüber war, zum anderen weil ich nie so werden wollte. Aber die Verzweiflung treibt einen oft zu solch komischen Aktionen. Ich habe damals den Beweis, den ich gesucht habe, nicht im Telefon gefunden, sondern später in seiner Reisetasche, die offen herum lag, als er von einem kurzen Motorradausflug nach Hause kam. Es waren Kondome. Und wir waren zu diesem Zeitpunkt nicht nur schon vier Jahre zusammen, sondern auch drei davon verheiratet. Manchmal spürt man als Frau, dass es richtig ist, eifersüchtig zu sein. Dieses Gefühl treibt einen dann schon manchmal ziemlich in die Enge und plötzlich ist dieser Drang, nach einem Beweis für diese Empfindung zu suchen, übermächtig. Klar, unsere Welt ist nicht immer rosarot und in der einen oder anderen Situation erkennen wir am Ende, dass es wirklich einen Grund dafür gab, eifersüchtig zu sein, und meist kommt der dann auch irgendwann auf. Jetzt sagen sicher viele unter euch: Was ist schon ein Grund? Ich spreche hier von handfesten Beweisen. So etwas, von dem du ganz genau weißt, dass es das Ende deiner Beziehung bedeuten kann. In solchen Momenten, ist jede von uns eifersüchtig.

Aber dazu muss es erst einmal kommen. Diese vermeintlich „normalen" Eifersuchtsdramen, die sich tagtäglich um uns herum abspielen – er ruft mich zu selten an, er kümmert sich nicht um mich, liebt er mich vielleicht gar nicht wirklich – sind vielen von uns glücklicherweise fremd. Und wann auch immer ein Mädel um mich herum meint, es müsse mir von solchen Dramen berichten, kann ich nur einen Tipp geben: Meine Liebe, besinne dich darauf, was du hast, sei glücklich mit dem Mann an deiner Seite, und fang nicht an, dieses Glück durch sinnbefreite Eifersuchtsaktionen zu zerstören!

Müsste ich die Eifersucht beschreiben, so würde ich sagen, sie ist ein Lernprozess. Jede von uns hatte irgendwann diesen Moment, in dem der erste Freund Schluss macht, oder man erwischt ihn auf einer Party, eine andere küssend. Jede hat wohl schon mal eine Szene aufs Parkett gelegt, die eigentlich einen Oskar verdient hätte. Aber damals waren wir vielleicht 15 oder 18. Wenn man so jung ist, dann begreift man oft nicht wirklich, dann weiß man auch in vielen Situationen noch nicht, wie man sich am besten verhält. Woher sollten wir das auch wissen? Niemand hat eine Betriebsanleitung dabei, wenn er sich zum ersten Mal verliebt. Männer ebenso wenig wie Frauen. Und da passieren dann schon mal solche Patzer auf dem Weg zu einem glücklichen Zusammensein.

Aber mit jeder Beziehung lernt man. Von jedem Menschen, den man trifft, lernt man. Und irgendwann erkennen wir, dass wir nicht wegen jeder Kleinigkeit eine Szene machen müssen, dass eine Beziehung auf einem viel schöneren Gefühl aufbaut – auf Vertrauen.

Eifersucht kann Vertrauen zerstören und wenn das dahin ist, dann kommt das in einer Partnerschaft gleich mit dem Killer Respektlosigkeit. Es wird nicht mehr funktionieren, wenn das Vertrauen mal weg ist. Und das gilt für beide – wenn er das Vertrauen zerstört hat, indem er etwas Entsprechendes getan hat, oder wenn sie ihm ständig misstraut. Es kann natürlich auch umgekehrt sein.

Auch Männer können sehr eifersüchtig sein. Rasend vor Eifersucht, möchte ich fast sagen. Ich glaube, die Hemmschwelle liegt da bei den Männern etwas höher. Sie brauchen im Normalfall um einiges länger, bis sie so richtig eifersüchtig werden. Weil sie sich um viele Kleinigkeiten des Alltags, die eine Frau wohl bemerken würde, gar nicht kümmern. Sie haben manchmal das Glück, in einer „heileren" Welt zu leben, weil sie nicht auf jeden noch so kleinen Hinweis achten. Aber – und das ist jetzt ein großes ABER – wenn der Mann dann mal eifersüchtig ist, dann hilft es nichts mehr, auf ihn einzureden, er lässt sich nicht mehr überzeugen. Dann ist Krieg angesagt. Ganz speziell demjenigen gegenüber, der der vermeintliche Grund für die Eifersucht ist. Ich habe Männer bisher so erlebt, dass sie dieses Gefühl damit ausdrücken, dass sie auf das Objekt des Anstoßes losgehen. Ich glaube, das hat dann auch viel mit verletztem Stolz zu tun. Ein Mann geht in einer Situation, in der ihm ein anderer Mann den Rang abzulaufen scheint, eher zuerst den eigenen Reihen nach und geht auf den Gegenspieler los. Und die Frau, die dazwischen steht, wird dann entweder auf direktem Wege wieder Single oder erhält zuerst noch mal eine ordentliche Ansage und wird dann wieder ins Single-Dasein befördert. Und man(n) schließt dann zumindest nach außen hin gleich damit ab. Es kann ihm noch so sehr das Herz zerreißen, er wird cool bleiben und sich nichts anmerken lassen.

Als Frau reagiert man anders. Wenn wir unseren Partner mit einer anderen erwischen, dann gehen wir in erster Instanz auf ihn los. Und erst wenn das erledigt ist, krallen wir uns das andere Weibchen. Und dann wird's richtig böse. Wir können die wahrhaftigen Furien werden, wenn uns eine andere Frau unseren Mann wegnimmt. Und wir werden nicht kurzfristig böse, nein, wir sind dann brutal nachtragend. Leider bleiben uns von solchen Aktionen dann immer irgendwie kleine „Narben". Auch wenn die Situation dann irgendwann überstanden ist, wenn wir diesen Mann überwunden haben, man ist dann ein gebranntes Kind.

Soll ich euch ganz ehrlich was sagen? Mir geht's zum Beispiel so mit rothaarigen Frauen. Eine Frau dieser Art war in meinem zuvor genannten Beispiel mit meinem (jetzigen) Ex-Mann der Stein des Anstoßes. Sie war eine vermeintliche „gute alte Bekannte". Ich kann mir nicht helfen, aber selbst heute – Jahre später – wenn ich einen Partner habe, der mir eine gute Freundin aus alten Tagen vorstellt, die dann auch noch rote Haare hat, dann klingeln in mir unbewusst sämtliche Alarmglocken. Obwohl diejenige dann gar nichts dafür kann. Lernprozess hin oder her, aber diese kleine Narbe bleibt. Es ist wie ein längst verheilter gebrochener Finger, den spürst du auch, wenn das Wetter umschlägt.

In einer Beziehung müssen sich stets beide Partner bemühen, diesen Lernprozess Eifersucht zu durchleben. Grundsätzlich besteht ganz am Anfang schon mal die Schwierigkeit, dass man sich noch nicht gut genug kennt, um dem anderen blind vertrauen zu können. Und dieses Vertrauen dann zuzulassen, wird mit dem Erwachsenwerden immer schwieriger. Weil es zwar einerseits gut ist, dass wir mit jeder Beziehung, mit jedem Jahr, das wir durchleben, mehr Erfahrungen machen und uns im Idealfall immer mehr dessen bewusst werden, was wir wollen und was wir von einer Beziehung erwarten; aber auch dessen was wir nicht wollen, was wir überhaupt nicht akzeptieren können. Aber mit jeder schlechten Erfahrung lernen wir auch das Vertrauen zurückzuhalten. Da kann es dann auch mal passieren, dass gar nicht mehr Eifersucht das Problem ist, sondern schlicht und ergreifend die Tatsache, dass man gar nicht erst so weit kommt, so etwas erleben zu können, weil wir es vielleicht gar nicht mehr so einfach zulassen, dass zwischen dem neuen Partner und uns so etwas wie Vertrauen entsteht. Da kommen auch Situationen, in denen Misstrauen da ist, obwohl es noch gar keinen Grund dafür geben kann.

Der Mensch wird mit den Jahren zwar erfahrener, aber deshalb nicht gleichzeitig einfacher. Und dann sind wir zwar an einem

Punkt, an dem wir mit solchen Gefühlen wie Eifersucht umgehen können, aber wir kommen gar nicht mehr so weit, das unter Beweis zu stellen, weil wir vielleicht schon vorher blockieren. Wieder komme ich zu dem Schluss, dass ein Mann genauso wie eine Frau zuerst lernen muss, zuzulassen; Vertrauen aufbauen und dann auch immer weiter daran arbeiten, sodass es andauert. Mit einem Partner an der Seite, dem wir vertrauen können und der uns Gleiches zurück gibt, können wir auch mit der Eifersucht umgehen. Wichtig ist, dass man ehrlich zueinander ist. Was nicht heißen soll, dass man sich ungebremst jedes Detail gleich erzählen muss. Es gibt auch Momente, in denen es besser ist, einfach mal zu schweigen und vielleicht nochmals darüber nachzudenken, was man dem anderen gerade an den Kopf werfen wollte. Und das funktioniert dann auch mit der Eifersucht. Ich bleibe dabei: Wenn es tatsächlich einen erheblichen Grund gibt, eifersüchtig zu sein, dann ist es wahrscheinlich genauso ein Gefühl wie jedes andere in einer Beziehung, und man muss es einfach zulassen. Und vielleicht kann es auch manchmal ein Weg sein, dem anderen dann genau in dem Moment zu sagen, was in einem vorgeht. Auch wenn Offenheit manchmal schwierig ist, sie hilft doch immer wieder, Missverständnisse aus dem Weg zu räumen und verfahrene Situationen zu klären.

Kapitel 4 Eifersucht
… aus seiner Sicht

Die Eifersucht (Das Salz in der Suppe)

Die Eifersucht an sich ist das berühmte Salz in der Suppe, welches in Maßen genossen eine wunderbare Erfahrung darstellt. Zuviel davon und es wird ein schlimmes Ende nehmen, wie wir fast täglich etwaigen Medienberichten entnehmen können.

Wenn wir am Anfang einer Beziehung stehen und sich die Fronten noch nicht so wirklich geklärt haben, dann müssen wir feststellen, dass unser Herz Luftsprünge macht, wenn wir mit der Auserwählten in Kontakt treten. Es verfällt aber in tiefe Depression, wenn dem nicht so ist. Sehen wir uns das nun etwas genauer an.

Du lernst eine Partnerin kennen und nachdem die ersten zarten Gefühle aufkommen, beginnst du auch schon darüber nachzudenken, warum sie sich denn für dich entschieden hat. Warum sich aber immer wieder den Kopf zerbrechen? Es ist wie es ist und in diesem Moment einfach wunderschön. Der Unterschied zwischen Mann und Frau in diesem Punkt ist mit Sicherheit minimal, dennoch sehen wir Männer es wohl ein bisschen anders als Frauen.

Warum auch immer, Frauen haben irgendwie das Bedürfnis, sich mit möglichst vielen Leuten zu unterhalten. Oder nennen wir das Kind beim Namen: Das weibliche Geschlecht hat in der Regel mehr Freunde und Bekannte als der Mann. Warum dem so ist, das können wahrscheinlich nur Sexualforscher oder Pädagogen beantworten. Meiner Ansicht nach werden Frauen im Unterbewusstsein immer wieder von einem starken Wunsch nach Anerkennung und Erfüllung getrieben. Sei es wie es sei, wir müssen lernen, damit umzugehen und wir müssen versuchen, ihren Erwartungen gerecht zu werden. Im Laufe der Jahre musste ich feststellen, dass ich die größten Probleme damit hatte, die zusätzlichen männlichen Bekannten meiner Auserwählten zu akzeptieren. Auch wenn mir immer wieder versichert wurde, dass es sich bei der betreffenden Person nur um einen „Freund" oder guten Bekannten handelt, ich musste trotzdem feststellen, dass mir das einfach nicht behagte. Der Dämon Eifersucht erwacht immer wieder, wenn es sich um Geschlechtsgenossen handelt, mit denen unser Objekt der Begierde zu tun hat.

Ich habe keine gute Freundin, mit der ich noch nichts hatte. Warum auch, es liegt doch in der Natur von uns Männern, dass wir es nicht lassen können, Frauen zu erobern und neue Beziehungen einzugehen. Aber es gibt sie, das weibliche Gegenstück zum „Freund", meist ist dies eine Frau, mit der man sich in vergangenen Zeiten eingelassen hat, dann haben sich aber die Wege getrennt. Dann, und nur dann, ist eine Freundschaft zwischen Mann und Frau wirklich möglich. Beide haben es versucht, aber die sich anbahnende Beziehung für nicht gut genug empfunden. Hier besteht also eine gewisse Basis oder auch eine Gemeinschaft, über deren Erhalt man sich sicher sein kann. Hier in Eifersucht zu verfallen wäre für unseren Partner fatal, weil wir es einfach nicht verstehen würden, wenn sich hier Probleme entwickeln. Die andere Möglichkeit eine Freundschaft mit einer Frau einzugehen, ist wirklich jene, dass man sich sexuell aber schon sowas von abstoßend findet, dass es niemals im Leben klappen würde. Auch hier haben wir für uns entschieden, keine Partnerschaft mit der betreffenden Person einzugehen und dies wird sich aller Wahrscheinlichkeit nach auch nicht ändern. Warum also sollte man auf uns eifersüchtig sein? Warum sollten wir unseren Partner betrügen? Du bist nicht dieser Ansicht oder du siehst das etwas anders?

Ich bewundere jeden Mann, der es schafft, mit einer Frau nur eine freundschaftliche Beziehung zu führen. Wirklich, aber bist du dabei wirklich ehrlich? Ist es nicht eher so, dass du auf eine Möglichkeit wartest (unterbewusst), von dieser Frau Zuneigung zu erfahren? Oder schmückst du dich einfach nur mit fremden Federn, also einer Frau, die schon vergeben ist? Es ist schwierig für einen Mann, wenn eine Frau viele „Freundschaften" mit dem anderen Geschlecht pflegt. Wir können einfach nicht verstehen, was dir an uns nicht reicht. Klar, er ist dein Studienkollege und er will mit dir nur ab und zu einen Kaffee trinken. Wenn wir dich auf diese Situation ansprechen, wirst du unsere Bedenken als lächerlich abtun und versuchen, unsere Angst zu zerstreuen. Dafür danken wir dir. Trotzdem bleibt noch immer dieses kleine Staubkorn auf unserer Linse.

Wenn du bei ihm bist, dann wird es dir leichter fallen, deine Probleme oder Gedanken mit deinem Bekannten zu teilen und er wird dich ja so viel besser verstehen als wir es tun. Aber warum ist das so? Warum versteht einen der fremde Mann immer besser als der eigene? Kurz gesagt, weil er einfach nicht so sehr in die Beziehung involviert ist wie du. In einer Beziehung sieht jeder die Problematik von seiner Seite, unfähig den anderen Standpunkt wirklich objektiv zu betrachten. Wieso entstünden sonst Probleme oder Eifersuchtsdramen, wenn es für alles eine rationale Erklärung gäbe?

Es ist also Vorsicht angesagt, denn was wir nicht wollen, ist, wenn man uns als Menschen zweiter Klasse abstempelt, die zwar mit euch in einer Beziehung sind, aber trotzdem – was den Freundeskreis anbelangt – immer wieder einen Rückschritt hinnehmen müssen. Auch wir wollen ernst genommen werden und unsere Sorgen oder Probleme, vor allem in diesem Bereich, müssen aus unserem Gedächtnis verschwinden. Ja, es ist ein Problem für uns, wenn du Bekanntschaften zu Leuten pflegst, denen wir nicht zugeneigt sind, oder die wir gar nicht kennen. Die Diskussion, dass wir dir nicht vertrauen, sollte bitte verhindert werden, weil sie einfach zu nichts führt. Es ist hier wieder einmal der Standpunkt beider Personen dermaßen verhärmt, dass sich keine vernünftige Lösung dafür finden lässt. Alles worum wir dich bitten würden, ist dieser Person nicht allzu viel Raum in deinem Leben zu geben, denn wir wissen in diesen Momenten nicht, was wir tun.

Ob es zu viel verlangt ist oder nicht, das zu entscheiden liegt an dir.

Männer verfügen wie bereits erwähnt generell über wenige weibliche Freunde und sie werden nicht zögern, diese für dich zurückzustellen. Denn immerhin wollen wir mit euch unserer Leben verbringen und es mit euch wagen. Auch wenn in dem berühmten leicht abgeänderten Ausspruch „Liebe besteht, Freundschaft vergeht" durchaus ein Körnchen Wahrheit steckt, so ertappen wir uns doch jedes Mal dabei, dich unseren Bekannten vorzuziehen. Wenn ich wieder von meinen Erfahrungen berichten darf: Für mich war es ein Leichtes, den Kontakt mit anderen abzubrechen. Denn warum sollte ich eigentlich noch Kontakt mit anderen Frauen haben? Welchen Grund würde es dafür geben? Meiner bescheidenen Meinung nach liegt dies wahrscheinlich in meiner Natur, denn wenn ich bereit bin, eine Beziehung zu leben, dann möchte ich auch alles dafür geben. Und es kann und wird eine „weibliche" Freundschaft in dieser Zeit nicht bestehen. Nichts mehr würden wir uns auch von euch wünschen...

Freundschaft oder Wollust:

Im weiteren Verlauf einer Beziehung wird es mit Sicherheit dazu kommen, dass du dich hin und wieder dabei erwischst, wie du den optischen Reizen einer anderen Frau erliegst. Das ist das natürlichste der Welt, dass wenn die erste Phase der Verliebtheit vorbei ist, du dich optisch (und unbewusst) nach anderen Partnern umsiehst. Auch wenn dies nicht bedeutet, dass du mit deinem jetzigen Partner unzufrieden bist oder du ihn nicht mehr sexuell anziehend findest. So stellst du doch fest, dass es nicht nur eine Frau auf dieser Welt gibt, die dir gefallen könnte. Ein ehrliches Ansprechen dieser Problematik wäre aber wohl der Todesstoß für deine Beziehung, oder es würde zu größeren Problemen führen. Und genau jetzt kommt sie wieder zum Vorschein. Der Samen, der am Anfang einer Beziehung gelegt wurde, wächst und gedeiht zu einer Pflanze, deren Namen uns nur allzugut bekannt ist: Die Eifersucht tritt wieder in dein Leben. Denn was dir mit anderen Frauen passiert, das passiert auch ihr mit anderen Männern. Wahrscheinlich befindet ihr euch nun in der Phase, in der sich die Wollust in Liebe und diese Liebe zur Freundschaft weiterentwickelt hat.

Vielleicht ist auch euer Liebesleben nicht mehr so „aktiv" wie es am Anfang war, aber es besteht kein Grund zur Beunruhigung. Und wenn es innerhalb der Beziehung ganz gut funktioniert, warum dann immer nach mehr verlangen? Leider wird dies aber nicht von beiden Partnern gleich gesehen. Es gibt meist einen Part in einer Beziehung, der gerne mehr Aufmerksamkeit, mehr Zeit, mehr Aktivität im Bett und Ähnliches hätte. Wenn dies der Fall ist, findet die Eifersucht einen Boden, in dem sie wachsen und gedeihen kann. Es werden des Öfteren Fragen über deine Arbeit und deine Freunde gestellt. Das Ausgehen wird immer wieder zu einem Spießrutenlauf und man kann sich eigentlich nie sicher sein, ob SIE nicht irgendwo um die Ecke lauert oder einfach plötzlich neben dir stehen wird. All das gilt es zu berücksichtigen, denn Eifersucht ist eine wahrhaft kranke Eigenschaft an Menschen, die man ihnen nicht auszureden kann und nur sehr schwer abzugewöhnen vermag. Es wäre ein Leichtes, sich den Wünschen des anderen hinzugeben, doch die Aufgabe besteht darin, gemeinsam einen Weg zu finden. Zeig ihr, dass sie dir vertrauen kann. Nimm ihre Kontrollanrufe, ihre überraschenden Überprüfungsevents und Ähnliches zur Kenntnis. Sieh dies alles von der lockeren Seite, nämlich von der einer gesicherten Beziehung. Selbst wenn sie dich permanent kontrolliert, quittiere es mit einem Lächeln. Was soll passieren? Solange du an deine Beziehung glaubst, solange wirst du sicher im Hafen liegen.

Wenn es dir aber wirklich den Atem und die Energie raubt, dann stell sie zur Rede! Natürlich wird sie für jeden Versuch einer Kontrolle einer Erklärung parat haben, aber nimm es so wie es ist. Versuche, ihr klar zu machen, wie schlimm es sein kann, wenn man sich verfolgt fühlt. Vielleicht bindest du sie auch einfach mehr in dein Leben mit ein, um damit etwaige Verlustängste schon im Vorhinein auszuschließen.

Auch wenn dich die Frau an der Bushaltestelle wieder mit einem verführerischen Blick beinahe ausgezogen hätte, dann fühle dich geschmeichelt und nimm es einfach hin. Denke immer daran, welche Auswirkungen eine Affäre oder Ähnliches für eure weitere Zukunft haben würde. Würde es das wirklich wert sein? Willst du dafür alles aufs Spiel setzen? Welche Konsequenzen hätte es?

Aus meiner Vergangenheit kann ich nur so viel beitragen: Ich persönlich war immer glücklich mit den Frauen an meiner Seite, auch wenn es hin und wieder hohen Wellengang gab, so waren sie dennoch an meiner Seite als Partnerinnen und Freundinnen.

Eine Affäre mit einer anderen Frau war stets ein Fehler, die Auswirkungen dramatisch. Die Folge davon war meist eine Singlezeit, welche nicht immer leicht zu ertragen war. Heute kann ich über meine Fehler von damals nur lachen, denn aus welchen fadenscheinigen Gründen ich ein Risiko eingegangen bin, kann ich heute nicht mehr nachvollziehen. Aber so ist es im Leben, man lernt aus seinen Erfahrungen und eine Beziehung ist nur so gut, wie die Konsequenz und das Lernen aus den Fehlern der vorangegangenen Beziehungen. Eifersucht darf hier keinen Platz finden, denn diese Todsünde kann und wird dem kleinen Pflänzchen der Liebe das Wasser abgraben, das Sonnenlicht rauben und ihr alle Nährstoffe entziehen, die sie braucht, um die Liebe zu dem zu machen, was sie ist und sein sollte. ➜ Eine gemeinsame Erfüllung

Vielleicht sollten wir einfach offener mit dem Thema Liebe umgehen. Eventuell mehr Gesprächsbereitschaft zeigen und die Augen und Ohren unserem Partner gegenüber nicht verschließen. Die Liebe ist eine wundervolle Sache, wenn sie von beiden in gleichem Maße gelebt wird. Nimmt eine Seite mehr als sie gibt, so wird es zu Problemen kommen.

Kapitel 5 Typisch
... Mann

Klischees – ja, ihr lieben Prinzen erfüllt so manche davon.

Vorweg sei gleich mal gesagt: Nein, wir sind nicht den ganzen Tag lang damit beschäftigt, an euch Männern Fehler zu suchen. Die Aufgabe in diesem Kapitel lautet: Einmal so richtig über die Klischees herfallen, die uns Mädels so einfallen, wenn wir an euch denken. Ich muss wahrscheinlich nicht extra erwähnen, dass einer Frau bei so einer Aufgabenstellung wahre Unmengen an kleinen Dingen einfallen, die am Mann stören oder stören könnten und die manch einer leider schon in Perfektion ausgelebt hat. Grundsätzlich gilt: Wir scheren nicht alle Männer über einen Kamm und auch nicht jeder hat all diese kleinen Fehler (aus weiblicher Sicht) an sich, die nun ausnahmsweise in geballter Formation betrachtet werden...

Ein schier unendlicher Fundus für Kleinigkeiten, die wir Weibchen zu bemängeln haben, ist: DER HAUSHALT.

- Warum um alles in der Welt muss man(n) die Zahnpastatube nicht nur halb vergewaltigen, wenn er die Paste rausdrückt, nein – sie wird auch noch offen liegengelassen. Aus weiblicher Sicht ist beides unverständlich, denn zum einen ist so eine Tube kein Schraubstock zum anderen ist nichts schlimmer, als am Morgen im Bad zu stehen und als erstes eingetrocknete Zahnpaste auf der Bürste zu haben. Findige Firmen haben wahrscheinlich genau aus diesem Grund mittlerweile Zahnpaste entwickelt, die nicht mehr in den früher geläufigen Tuben, sondern auch in Dosen erhältlich ist. Da könnt ihr dann drücken, wie ihr wollt, das Ding bleibt so wie es ist. Nur für die Angelegenheit mit dem Verschluss seid ihr nach wie vor selbst zuständig.

- Und wenn wir schon mal im Bad sind: Was ist eigentlich das Problem mit der Klobrille? Was sich nach oben klappen lässt, kann man auch wieder nach unten klappen. Einfache Sache, würden wir Mädels denken, aber offensichtlich fehlt da beim Mann die Einsicht, dass wir es auch manchmal eilig haben aufs Klo zu gehen. Und dann wollen wir nicht noch irgendwelche Runterklappaktionen durchführen müssen, wenn es für uns ohnehin schon dringend ist. Abgesehen davon sind fast immer die Frauen für das Putzen des Örtchens zuständig, und das ist trotz zahlreicher Hilfsmittel wie Gummihandschuhe, Sagrotan & Co noch immer angenehmer durchzuführen, wenn nicht die ganze Klobrille schmutzig ist.

- An dieser Stelle sei es nun mal eindeutig erwähnt: Nein, der Staubsauger in unserer gemeinsamen Wohnung ist kein Ungeheuer! Er beißt nicht, er faucht nicht, er frisst dich nicht auf! Es verlangt nur ein bisschen Strom, lässt sich dank ergonomischer Form mittlerweile auch gut anwenden und hat den netten Nebeneffekt, dass alle Fussel vom Boden weg sind. Versucht es mal, ihr werdet vielleicht keine Freunde, aber ihr könnt euch arrangieren.

-   Und mal so ganz generell gesehen: Eine Frau hat durchaus höhere Bestimmungen als nur zu putzen, zu kochen, den Haushalt in Schuss zu halten, den Kühlschrank zu füllen und überhaupt alles zu organisieren, was nicht mit Autos, Bohrmaschinen oder Fußball zu tun hat. Ja, wir machen das manchmal auch gerne, oder finden uns zumindest damit zurecht, weil eine gemeinsame Wohnung nun mal auch bedeutet, dass man irgendwie Ordnung halten muss. Aber wir lassen uns dabei auch gern helfen.

Gehen wir mal weiter: EURE HOBBYS und EUER UMGANG MIT FREUNDEN:

-   Was ist das eigentlich für eine Geschichte zwischen Autos und Männern? Für uns ist das Auto ein Gebrauchsgegenstand. Punkt. Wir können es des Aussehens wegen lieben (ja, ich gebe zu, wir achten hierbei auf Äußerlichkeiten und nicht auf die PS), wir werden es auch pflegen, wenn wir es denn lieben, aber es ist und bleibt ein

Gebrauchsgegenstand. Wir haben nichts von Autos (meist Cabrios), in die wir uns nur reinsetzen dürfen, wenn die Wettervorhersage für die nächsten drei Wochen absolute Trockenheit voraussagt und für die wir auch noch unsere Schuhe putzen müssen, bevor wir einsteigen. Sündhaft teure Alufelgen sind für uns ein No-Go, wir würden sie doch nur kaputt machen und wir benötigen auch keine Heckspoiler oder sonstigen Kram, der das Auto zwar möglichst protzig aber nicht mehr schön aussehen lassen. Auch Frauen fahren gerne schnell, aber das muss man dem Auto nicht gleich auf den ersten Blick anmerken. Und es gibt auch Frauen die Porsche fahren, aber nicht weil sie irgendwas verlängern müssen, sondern weil sie ihn sich leisten können.

- Fußballplatz. Ihr müsst uns nicht fragen, ob wir mitgehen wollen, nur damit ihr eure Schuldigkeit getan habt. Zwei Gründe: Erstens wissen wir, dass ihr gar nicht wollt, dass wir mitgehen, zweitens wollen wir da überhaupt nicht hin.

- Vorm Fernseher zu sitzen und sich irgendwelche Fußballspiele, Tennisorgien oder sonst etwas reinzuziehen, definieren wir nicht als Sport.

- Wenn ihr mit euren Freunden auf das berühmte eine Bier geht, dann bitte - BITTE - nennt uns beim Namen, solltet ihr von uns sprechen. Bezeichnungen wie „Sie" oder bei den ganz schweren Fällen „meine Alte" sind ein völliges Tabu und werden sofort mit strafenden Blicken und Diskussionen geahndet, sollten wir je davon erfahren.

- Und überhaupt – es ist ja in Ordnung, wenn ihr mit euren Freunden Einen trinken geht, aber sollte es sehr spät werden oder es gar einmal so weit kommen, dass ihr bei einem Freund übernachtet, obwohl ihr eigentlich nach Hause kommen wolltet, dann nehmt mal einen Rat mit: Ein Telefon hat Tasten. Selbst in der Welt der iPhones gibt es eine Funktion, die sich „Nummernblock" nennt. Wozu meint ihr eigentlich, dass die Dinger da sind? Richtig, um einfach kurz Bescheid zu geben, solltet ihr nicht nach Hause kommen. Wir haben nichts dagegen, wenn ihr mit euren Freunden mal richtig einen drauf macht, aber wir wollen einfach nicht die ganze Nacht wach liegen und uns Sorgen machen, nur weil ihr es nicht der Mühe Wert findet, uns einfach kurz Bescheid zu sagen.

Nun aber zum Schwierigsten aller klischeebehafteten Themen: ZWISCHENMENSCHLICHES oder auf Neudeutsch GENDER TRAFFIC

- Knoblauch in sich reinstopfen und dann hemmungslos drauf losknutschen wollen, das ist nicht. Wenn Knoblauch, dann Kontaktsperre.

  Und das solltet ihr schon auch bedenken, wenn ihr mittags mit den Kollegen auf eine Runde Spaghetti Aglio-Olio geht.

- Warum gibt es eigentlich Männer, die meinen, es sei für eine Frau erotisch, wenn sie ihr das halbe Ohr wegschlabbern? Mal ein bisschen dran zu knabbern ist ja in Ordnung, aber wehe wenn einer von der Gattung kommt, der meint, er müsse den ganzen Gehörgang unter Wasser setzen. Jungs, das stand nie in der Bravo und wurde auch sonst nie von einem Dr. Sommer oder sonst jemandem gepredigt. Sollte euch jemals eine Frau gesagt haben, dass sie solche Wasserfälle erotisch findet, dann hat sie schlicht und ergreifend nicht die Wahrheit gesagt. Oder sie wollte euch mit einem vorgetäuschten Kompliment dazu bringen, endlich aufzuhören.

- Socken im Bett sind verboten. Gut, es kann ja passieren, dass man(n) mal in der Hitze des Gefechts darauf vergisst, aber spätestens wenn das zwei Mal vorkommt, haben wir daran etwas auszusetzen. Eigentlich sollten wir dann ja abgelenkt sein und unseren Kopf sowie unsere Gefühle ganz woanders haben, aber wenn wir wissen, dass sie da sind, stören sie. Und spätestens wenn der Akt vollzogen ist und wir bemerken, dass ihr nackt und nur in Socken neben uns liegt, dann finden wir es furchtbar.

- Drei Minuten Sex befriedigen uns nur selten. Das Gegenteil aber auch nicht – eine Frau hat nichts davon, wenn ihr es euch zwei Stunden lang verbeißt, uns schon alles weh tut, wir völlig außer Kräften sind und eigentlich nur mehr wollen, dass ihr einen Höhepunkt erlebt. Wenn der gemeinsame Akt den wöchentlichen Gang ins Fitnessstudio an Schweißverlust toppt, dann ist das eindeutig zu viel. Keiner hat gesagt, dass wir nur dann zufrieden sind, wenn wir stundenlang rumturnen. Auch wenn wir dafür keine Jahresmitgliedschaft beantragen müssen.

- Es gibt nichts Schöneres, als neben dem geliebten Wesen aufzuwachen. ABER, ein Guten-Morgen-Kuss oder gar Sex, ohne sich vorher die Zähne zu putzen, ist schlichtweg unmöglich. Nichts spricht dagegen, sich kurz aus dem Bett ins Bad zu schleichen, sich schnell die Zähne zu putzen, und dann erst kommen wir zur Begrüßung in einen wunderschönen Tag. Eigentlich wäre es so einfach.

Und zu guter Letzt noch ein paar GRUNDSÄTZE, damit wir alle gängigen Klischees bearbeitet haben:

- Wenn wir euch fragen, ob ihr uns an einem gewissen Tag sehen wollt und ihr das mit einem Ja beantwortet, dann sehen wir das für eben diesen Tag als vereinbart an. Ein „Ich hab's verschwitzt!" oder „Das war doch noch gar nicht fest vereinbart!" zieht dann nicht. Entweder ihr sagt ja oder nein.

- Gleiches gilt für die Redewendung „Wir sehen uns am Wochenende!". Ein Wochenende fängt bei Frauen spätestens Freitagabend an. Zu diesem Zeitpunkt wollen wir dann zumindest in irgendeiner Art und Weise eine Aussage haben, wann wir euch im Verlauf eben dieses Wochenendes sehen können.

- Ganz generell gilt: Wenn wir etwas vereinbaren, dann sollte das auch eingehalten werden. Wenn Termine aus irgendeinem Grund verschoben werden – siehe obiges Thema – das Handy hat Tasten. Einfach anrufen. Uns stundenlang warten zu lassen, das gilt nicht, auch wir haben unsere Zeit nicht gestohlen.

- Wenn wir irgendetwas fragen, weil wir es nicht verstehen bzw. verstehen wollen, dann bringt uns bitte nicht die Erklärung: „Weil es halt so ist!" Diese wird umgehend als gegenstandslos betrachtet. Wollen wir es wissen und fragen danach, benötigen wir eine plausible Erklärung mit handfesten Argumenten. Die wird dann auch akzeptiert.

- Familienfeste können lustig sein, sind aber manchmal auch ein notwendiges Übel. Aber warum gibt es eigentlich immer eine Diskussion, ob ihr mitkommen sollt, wenn es um unsere Familie geht? Wenn es eure betrifft, müssen wir doch auch immer nett und adrett zur Verfügung stehen.

- Last but not least: Ein offensichtlich ungeschriebenes Gesetz in Beziehungen lautet: Wenn es Probleme gibt oder gar auf eine Trennung zugeht, dann ist, warum auch immer, jedes Mal die Frau diejenige, die zuerst über ihren Schatten springen muss. Warum?
Nicht nur, dass ein Gespräch zu einem früheren Zeitpunkt vielleicht Abhilfe schaffen kann und es uns leich-

ter fällt, wenn ihr auch mal auf uns zukommt, wir fühlen uns einfach wohler, wenn ihr uns sagt, was ihr empfindet. Kommt nicht erst immer, wenn es zu spät ist und wir den Schlussstrich bereits gezogen haben.

Kapitel 5 Typisch
... Frau

Die ersten Probleme:

Beginnen dann, wenn die erste Phase der Verliebtheit vorbei ist oder aber auch wenn beide etwas zu viel wollen. Meistens beginnt es mit Kleinigkeiten: Wenn du dich erinnerst, war es anfänglich kein Problem, in deiner Singlezeit einfach nach Lust und Laune auf ein Fußballspiel zu gehen. In der Werbephase hast du dann deiner Leidenschaft, dem Fußball, alles andere als gefrönt. Aber irgendwann packt es dich wieder, dieses Kribbeln, das Verlangen steigert sich immer mehr. Mit den Jungs wieder einmal ein Bier zu trinken, gemeinsam auf dem Fußballplatz zu stehen und den Schuldigen für die Niederlage im Schiedsrichtertrio zu suchen. Ist es dir schon einmal passiert, dass du dir heimlich die nächsten Termine deines Klubs angesehen hast und dich mit Freunden verabredet hast? Vor allem die beginnende Saison bietet immer wieder solche Momente, in denen man sein altes Leben vermisst. Und dann kommt es, das Verlangen, auszubrechen. Nichtsahnend bringst du danach deine Wünsche und Vorstellungen zur Geltung und denkst nicht einmal daran, dass du deine Freundin mitnehmen könntest. Warum auch? Endlich einmal wieder den alten Lasten erliegen und sich „frei" machen. Es gehört dazu.

Frauen werden zwar nichts dagegen haben, dich gehen zu lassen, dennoch werden sie sich mit einbringen, was du eigentlich nicht willst. Noch ehe du dich versiehst, wirst du gemeinsam mit ihr auf den Fußballplatz gehen, das Ganze, als „Beziehungsevent" getarnt, wird dir einen unvergesslichen Abend bringen, der sich aber dennoch von den vorangegangenen unterscheidet.

Wenn dir das gefällt, dann möchte ich dir gratulieren, trotzdem glaube ich, dass es viele Männer gibt, die sich schon einmal in einer ähnlichen Situation befunden haben und feststellen mussten, dass der Abend mit Freunden einfach anders verlaufen wäre. Wichtig zu erwähnen ist aber, dass es nicht grundsätzlich schlecht, sondern einfach ungewohnt ist, mit dir auf den Fußballplatz zu gehen. Es ist eine Situation, an die wir uns gewöhnen müssen. Stellen wir dich zur Rede und versuchen dir klarzumachen, dass auch wir einmal Platz für unsere Aktivitäten benötigen. Warum danach Stress oder eine Diskussion entsteht, ist und wird uns niemals klar sein, da wir ja ohnehin genügend Zeit mit dir verbringen. Sicher sehen wir das nur von unserer Sicht aus, dennoch möchten wir Diskussionen einfach vermeiden.

Ein anderes Beispiel stellt hier auch der Tag nach der Arbeit dar. Wenn wir von der Arbeit nach Hause kommen, brauchen wir einfach etwas Zeit, um auszuspannen. Du kennst das sicher auch. Der Tag war anstrengend, du hast eine Menge Aufgaben hinter dich gebracht und nun möchtest du einfach deine Ruhe. Und die Autofahrt ist nicht sehr entspannend. Eine Fahrt mit dem Auto bedeutet immer Stress. Ob es nun Stau gibt oder man an der Ampel steht, Fakt ist, wenn wir in der Tür erscheinen und dich endlich in unsere Arme schließen können, dann ist es einfach noch nicht vorbei. Wir brauchen noch etwas Zeit, um abzuschalten. Und hierbei geht es gar nicht mal so sehr um das gekühlte Bier oder um das warme Essen auf dem Herd. Diese Zeiten sind doch längst schon vorbei, und nur mehr wenige Leute betrachten das Heimchen am Herd wirklich als Investition in eine gemeinsame Zukunft. Wir Männer brauchen Ruhe, einfach Ruhe. Nach einem anstrengenden Tag muss man sich auch erst einmal darauf einstellen, dass nun eine vollkommen neue Situation auf uns wartet. Wir haben kein Problem mit Hausarbeit und wir sind mittlerweile sehr wohl in der Lage, uns etwas zu kochen. Verhungern und verdursten werden wir ohne dich mit Sicherheit nicht. Trotzdem sei darauf hingewiesen, dass ein arbeitsreicher Tag mit einer kurzen Erholungsphase zu Hause endet. Danach sind wir wieder bereit, mit dir gemeinsam die Welt zu erobern und Dinge zu tun, deren Wert für uns beide wohl von größter Wichtigkeit ist. Aber wir brauchen sie einfach, diese zehn Minuten Glückseligkeit, diese kurze Zeit des Innehaltens und des Ankommens. Wenn du uns diese Zeit gewährst, werden wir dir unterbewusst dankbar sein und weiteren gemeinsamen Aktivitäten steht nichts mehr im Wege.

Zusätzlicher Diskussionsstoff bietet sich auch in Sachen Sauberkeit, also was den Müll und andere Dinge betrifft. Generell lässt sich sagen, dass niemand gerne in einer Müllhalde lebt und sich im Abfall wohlfühlt. Es ist aber so, dass jeder Mensch andere Ansichten hat, die in diesem Makrokosmos (also einer Beziehung) eine wesentliche Rolle spielen. Seid ihr denn schon einmal zusammengekracht, als es sich wieder einmal um das Thema Abwaschen gehandelt hat? Oder hast du deiner Freundin schon einmal vorgeworfen, dass sie alles viel zu genau nimmt und dich deshalb als inkompetent abstempelt?

Tja, meine Damen, es ist nun einmal so, dass Männer andere Dinge bevorzugen. Männer rasten nicht aus, wenn die Wohnung eine Woche nicht gesaugt wurde. Auch sehen wir Staub erst dann wirklich als Problem an, wenn wir ihn sehen und nicht schon dann, wenn er sich erahnen lässt. Es ist schon klar, dass sich Staub regelmäßig ablagert, dennoch wird er von uns erst als Problem wahrgenommen, wenn wir ihn spüren oder wenn wir zufällig wieder einmal die Pflanze am Küchenpult gießen. Was ja nicht so häufig vorkommt. Faszinierend ist, mit welcher Inbrunst Frauen versuchen, ihre Wohnung gemütlicher zu machen. Getreu dem Motto „My home is my castle" wird versucht, mit allerlei Kleinigkeiten die Wohnung aufzupolieren: ob es die wöchentlichen Putzeinlagen sind, die sich in schöner Regelmäßigkeit am Wochenende wiederholen, oder ob ein großes Ausmisten der Schränke und Regale ansteht. Vor allem dann, wenn wieder einmal ein Fußballspiel ansteht oder Alonso zum entscheidenden Überholmanöver ansetzt. Eine Atomuhr könnte nicht genauer ticken und euch den „besten" Zeitpunkt nennen. Es ist auch wunderschön, wenn man bedenkt, dass sich der Nachmittag mit solch tollen Dingen wie Staubsaugen, Fensterputzen, Aufwischen usw. verbringen lässt. Das bringt in uns wirklich das Blut zum Kochen. Ja, nichts lieber würden wir tun, als mit dir gemeinsam zu putzen, genau in jenem Moment, in dem der Schütze zum entscheidenden Elfmeter antritt.

Wieso eigentlich? Was ist so verdammt wichtig dran? Warum können diese Dinge nicht warten, bis sich unsere Unruhe gelegt hat? Das alles sind Fragen, auf die wir wohl beide die Antwort nicht kennen.

Sehr beliebt ist auch die Frage zum Thema Mülltrennen. Uns Männern wird ja immer wieder nachgesagt, dass uns dies ziemlich egal sei. Aber dem ist nicht so, denn immerhin sind auch wir auf unsere Umwelt bedacht und genieren uns nicht, den Müll seiner Bestimmung zuzuführen. Aber es ist wieder einmal nicht auf unserer Prioritätenliste, die Kübel täglich zu einer bestimmten Zeit zu entleeren. Sorry, aber dafür haben wir eben andere Dinge im Kopf. Verständlicherweise ist es etwas anderes, wenn man es gewohnt ist, alleine zu leben, dann werden die Kübel entleert, wenn es notwendig ist, und keinen Tag früher.

Vielleicht sind aber all deine Launen zum Thema Sauberkeit auf eine Ursache zurückzuführen: Es könnte ja jemand vorbeikommen und dann würde er die Wohnung sehen, so wie sie ist. Wäre es vielleicht möglich, dass genau diese Angst, entdeckt zu werden, dich dazu treibt, in solchen Momenten die Fassssung zu verlieren und dem Reinheitsgebot zu erliegen?

Meiner Meinung nach muss man das alles mit einer gewissen Lockerheit betrachten. Es ist wichtig, die Wohnung in Schuss zu halten und es besteht auch eine Notwendigkeit, die Abfalleimer in regelmäßigen Abständen zu entleeren, doch man kann alles übertreiben. Ein Plan, der vorschreibt, die Dinge bis zu einem Datum oder einer Uhrzeit zu erledigen, könnte hier durchaus erfolgsversprechend sein. Es wäre ein Leichtes, den Problemen auf diese Weise aus dem Weg zu gehen.

Hin und wieder wird deutlich, dass die gemeinsame Zeit zwar schön ist, aber trotzdem meist getrennt voneinander verbracht wird. Das, meine lieben Damen, ist aber weder ein Angriff noch eine Ausrede, sich weniger mit euch zu beschäftigen. Es ist einfach eine Regel, an die man sich halten sollte. Niemand verlangt von euch, den Freundeskreis aufzugeben, oder permanent über euren Schatten zu springen. Es ist wichtig und notwendig zugleich, sich nicht aufzugeben. In einer Beziehung zu sein bedeutet auch Kompromisse einzugehen und Probleme gemeinsam zu lösen. Ob das das Thema Einkaufen, Sport oder andere Dinge betrifft ist hierbei wirklich vollkommen egal. Es geht einfach darum, gemeinsam nach Lösungen zu suchen, und so das Leben für beide Beteiligten lebenswert zu machen.

Wer kennt sie nicht, die Momente, in denen es so schwer ist, ein Mann zu sein. Erst letzte Woche konnte ich das wieder hautnah miterleben. Ein Samstag wie er schöner nicht hätte sein können. Das nordländische Möbelhaus (das mit den vier Buchstaben), das zwar etwas abgelegen vom Tempel der Lust (Einkaufszentrum), aber mit dem Auto durchaus schnell erreichbar war, hatte mit tollen Angeboten ein paradiesisches Einkaufserlebnis versprochen. Gesagt getan, wir haben das auch umgehend in die Tat umgesetzt. Mir wäre zwar ein chilliger Nachmittag am See lieber gewesen, aber was soll's! Was tut man nicht alles, des Friedens willen. An den Minen der anderen Herren war zu erkennen, mit welcher Freude sie sich vollbepackt hinter ihren Frauen herschleppten. Aber sicher, alles kein Problem, der Mann von heute schafft das ohne Probleme. Sich dann aber auch noch ein Lächeln zu erwarten, wäre aber zu viel. Auch hier sei erwähnt, dass es durchaus Momente gibt, in denen wir gerne bereit sind, uns solchen Situationen auszusetzen, wenn es notwendig ist. Leider haben Männer und Frauen diesbezüglich verschiedene Sichtweisen.

Abschließend lässt sich sagen: Klischees sind schön und gut, aber sie entsprechen nicht immer der Realität. In der heutigen Zeit, in der von einem Mann immer mehr und mehr verlangt wird, da sich Frauen, was ich persönlich gut finde, mehr denn je emanzipieren, fällt es einigen Geschlechtsgenossen schwer, mit dieser Entwicklung Schritt zu halten. Es ist eine Zeit, in der wir uns den Herausforderungen stellen müssen und wir sollten sie als Aufgaben ansehen, die wir lösen müssen. Eine Beziehung darf nie wie ein Job sein, eintönig und ohne Überraschungen. Eine Verbindung zwischen zwei Personen muss jeden Tag auf's Neue entdeckt werden wenn einem das gelingt, steht einer glänzenden Zukunft nichts mehr im Wege.

Seinen Träumen nachzugehen und seine persönlichen Ziele zu erreichen, sind zwei der wichtigsten Dinge in unserem Leben. Lass uns gemeinsam an einem Lebensplan arbeiten, in dem wir beide voll aufgehen. Erfüllen wir ihn, so finden wir beide die Erfüllung, nach der wir uns beide sehen.

Kapitel 6 Gender Traffic
... und die Gedanken einer Frau

Zuerst sollten wir dieses Kapitel mal umbenennen. Worum geht es denn eigentlich?: Zwischenmenschliches. Gender Traffic, was kann man sich darunter schon vorstellen?

Für alle, die sich jetzt wundern, warum es so heißt, wie es heißt – am Anfang dieses Buches gab es zwei Menschen, die sich circa zehn Themen aus dem alltäglichen, zwischenmenschlichen Leben herausgesucht haben. Und da stand plötzlich dieses neumoderne, eingedeutschte Wort, das ich eigentlich gar nicht verstanden habe. Sollte es mehreren Lesern so ergehen wie mir: Wir sprechen hier von dem, was vermeintlich nur hinter verschlossenen Türen zwischen zwei Menschen passiert. Oder auch woanders, aber das sei jedem selbst überlassen...

Kommen wir also zum eigentlichen Thema: Wie ist es, wenn sich zwei Menschen lieben lernen? Wie beginnt es, wie verändert es sich mit der Zeit? Denn, dass es einer Veränderung unterworfen wird, je weiter die Beziehung voranschreitet, das ist ein ungeschriebenes Gesetz, um das eigentlich keiner von uns herum kommt, auch wenn wir am Anfang immer meinen, alles würde so bleiben, wie es ist, wenn wir frisch verliebt sind.

In den ersten Wochen einer entstehenden Liebe kann man vom anderen nicht genug bekommen. Nichts hat eine so große Priorität, wie mit dem Angebeteten ungestört zu sein. Man entdeckt sich gegenseitig neu und versucht Termine zu verschieben, nur damit man romantische Stunden zu zweit erleben kann.

Es ist ein Lernprozess, der da stattfindet. Ich kenne niemanden, bei dem es beim ersten Mal zu einhundert Prozent geklappt hat. Am Anfang kennt man sich noch viel zu wenig, um richtig auf den anderen eingehen zu können. Man tastet sich im wahrsten Sinne des Wortes vorsichtig vor, versucht herauszufinden, was der neue Partner schön findet, was er mag, was er nicht mag. Und natürlich verbiegt man sich am Anfang dementsprechend. Man stellt die eigenen Wünsche im ersten Moment etwas zurück, es geht ja primär darum, den anderen glücklich zu machen, den anderen zu entdecken.

Im Laufe der Zeit wird man dann mutiger, entwickelt eine Vertrauensbasis und teilt dem Partner auch seine innersten Wünsche mit. Und so kommt eines zum anderen und irgendwann ist Sex etwas, das „sich eingespielt" hat – was in dem Moment etwas sehr Schönes ist.

ABER... Irgendwann sind die ersten Schmetterlinge plötzlich verflogen und das ständige Verlangen, den anderen neben sich zu spüren, verändert sich. Nach einigen Monaten ist es nicht mehr so präsent, nicht mehr vorrangig unter all den Gemeinsamkeiten. Aber warum ist das so? Viele sagen: Klarer Fall, Sex wird automatisch irgendwann weniger, das ist halt so. Aber beobachtet und hinterfragt man bei sich selbst einmal wirklich, warum es sich verändert, dann findet man oft als Antwort, dass anstelle von „immer nur Sex" etwas viel Wertvolleres einen Platz gefunden hat.

Irgendwann im Laufe einer Beziehung geht es plötzlich um mehr. Es ist nicht mehr nur die körperliche Nähe vorrangig. Irgendwann bauen wir um diese zärtlichen Begegnungen herum ein gemeinsames Leben oder zumindest einen gemeinsamen Lebensabschnitt auf. Wir kennen uns, wir haben gelernt, uns zu Vertrauen. Wir machen gemeinsame Unternehmungen, schmieden Pläne. Wenn Sex nicht mehr absolute Priorität hat, aber dann umso vertrauensvoller ist, ist es deshalb nicht weniger schön, ganz im Gegenteil. Die Quantität weicht der Qualität und man wird eins, wenn auch nicht mehr jeden Tag. Wenn es auch Wochen gibt, wo andere Dinge Vorrang haben und man, warum auch immer, an etwas anderes als an Zweisamkeit denkt – sei es nach einem anstrengender Arbeitstag oder aufgrund von Stress mit der Familie. Manchmal braucht man auch einfach nur Nähe ohne Sex. Ich glaube, Männer verwechseln so etwas gerne mit Unlust. Wie oft habe ich das schon gehört: „Aber früher war es doch auch immer so und so zwischen uns!"

Liebe Prinzen, früher hatten wir nichts anderes im Kopf, hatten wir noch keine gemeinsamen Pläne, keine gemeinsamen Freunde, früher haben wir noch nicht den Großteil unseres Alltags mit euch verbracht, oder wollten es zu dem Zeitpunkt vielleicht auch noch nicht. An dem Punkt, wo wir alles mit euch leben und erleben wollen, wo es nicht mehr nur körperlich um uns beide, sondern vielleicht um ein gemeinsames Hobby oder auch ein Zusammenleben geht, an diesem Punkt haben auch manchmal andere Dinge ihren Vortritt. Und dann kann es schon mal vorkommen, dass wir statt Lust auf Sex Lust auf ein gutes Gespräch haben. Das hat nichts damit zu tun, dass wir euch nicht mehr begehren oder dass wir nicht mehr schön und sexy für euch sein wollen.

Gut, ich gebe zu, es ist manchmal schon eine ziemliche Verwandlung, die wir euch da bieten. Beim ersten Date sind wir perfekt herausgeputzt, gestylt von oben bis unten, im Traum würde uns am Anfang nicht einfallen, in der Jogginghose und ungeschminkt vor euch herumzulaufen. Wenn wir das im Laufe einer Beziehung dann tun, soll das nicht heißen, dass wir uns gehen lassen oder dass wir keinen Wert mehr darauf legen, für euch begehrenswert auszusehen. Dann zeigen wir euch auch eine zweite Seite, die nicht so perfekte. Die, die uns ganz normal aussehen lässt und die wir auch genießen, weil wir – sofern die Beziehung wirklich funktioniert – auch erkennen, dass wir uns euch ungeschminkt und „pur" zeigen können und ihr uns trotzdem liebt.

Wenn Sex nicht mehr jeden Tag auf dem Plan steht, bedeutet das also nicht, dass wir euch nicht mehr wollen. Das hat einfach nur den Grund, dass wir mehr mit euch teilen. Dass wir euch teilhaben lassen wollen an allem, was der Tag so bringt und dass es dann auch passieren kann, dass für genau das Eine vielleicht mal einen Tag lang keine Zeit mehr ist.

Denn, ehrlich gesagt, die Story von wegen Migräne und so ist wohl hauptsächlich für Filme erfunden worden. Natürlich, es gibt Menschen, die tatsächlich Migräne haben (stellt euch vor, nicht nur Mädels, sondern auch Männer)! Und ich möchte euch aus Erfahrung sagen: Wenn jemand wirklich Migräne hat, dann merkt ihr das. Da gibt es kein Vortäuschen und Vorspielen. Demjenigen gehts dann leider wirklich richtig schlecht. Und das ist nicht zu übersehen und kann auch nicht vorgespielt werden. Fakt ist, wenn wir krank sind oder uns unwohl fühlen, dann merkt ihr das. Wenn wir einfach mal keinen Bock haben, was auch seinen Platz haben darf, merkt ihr das auch. Freut euch doch einfach darüber, dass wir, wenn wir wollen, absolut und zu hundert Prozent wollen. Da gibt es dann keine falsche Bescheidenheit und man muss uns auch nicht überreden.

Und es muss nicht jeden Tag sein. Es sollte nur wunderschön sein, wenn es passiert. Und das liegt dann ja im Ermessen beider beteiligten Personen.

So unterschiedlich wir Menschen sind, so sehr unterscheidet sich wohl auch das Bedürfnis nach körperlicher Nähe. Es gibt Personen unter uns, die diese Nähe nach eigenen Worten so oft wie irgendwie möglich brauchen. Aber auch solche, die in diesem Punkt eher genügsam sind, zumindest was die Zeitspannen dazwischen betrifft. In einer Beziehung gilt es immer, den Kompromiss zwischen diesen Unterschieden zu finden. Natürlich kann es auch vorkommen, dass der neue Partner das, was die Häufigkeit betrifft, ähnliche Bedürfnis hat. Aber auch wenn es unterschiedlich ist, dann würde ich das nicht als einen Grund für ein Scheitern der Beziehung sehen. Wenn es passiert, und es ist für beide

Beteiligten schön und zufrieden stellend, dann sehe ich da kein Problem.

Eines ist nicht von der Hand zu weisen: Eine Beziehung zu einem anderen Menschen besteht aus grundsätzlichen Pfeilern, die zusammenpassen müssen: Charakter, Lebensart, Eigenheiten und Vorstellungen über ein Zusammenleben, Und auch das Körperliche muss harmonieren.

Ich lasse mich gerne vom Gegenteil überzeugen, aber bisher kenne ich es nur so, dass beides passen muss. Mit einem Menschen, mit dem man nur im Bett zusammen sein kann und nicht im Leben bzw. Alltag, kann man auf Dauer ebenso wenig eine Beziehung führen, wie mit jemandem, der im täglichen Leben perfekt zu einem passt, aber mit dem die zärtlichen Stunden nicht das sind, was man sich wünscht. Es ist wie Deckel und Topf. Beides gehört zusammen und funktioniert eines nicht, so wird man sich auch mit dem anderen Teil schwer tun oder es womöglich gar nicht schaffen.

Sex ist in einer Beziehung – ungeachtet der Quantität – ein perfektes Indiz dafür, ob es passt oder nicht. Wenn wir glücklich sind, dann genießen wir auch die gemeinsamen Stunden und fühlen uns frei. Dann wird es zwar auch etwas weniger als am Anfang in der ersten Verliebtheit, aber es hat Bestand.

Werden wir in einer Beziehung unglücklich, oder nähern uns gar einem Punkt, an dem wir überlegen, ob wir mit dem anderen noch zusammen sein wollen oder nicht, so ist Sex das Erste, was auf der Strecke bleibt. Und, lasst es mich noch mal sagen – dann gibt es wirklich einen erheblichen Unterschied zu früher. Dann vergehen nämlich nicht nur ein paar Tage, sondern Wochen oder gar Monate. Was irgendwie auch verständlich ist, für den Einzelnen zumindest. Wenn ich in Gedanken nicht mehr nahe bei einer Person bin, so kann ich ihr auch nicht körperlich nahe sein. Zumindest nicht, wenn es sich dabei um eine Beziehung handelt.

Wenn es nur eine Bekanntschaft ist oder ein Verhältnis, dann ist die Lage natürlich ganz anders. Denn dann gibt es im Normalfall dieses „gemeinsame Leben" nicht. Dann konzentriert man sich ausschließlich auf die gemeinsamen Stunden, verspürt genauso Vorfreude dem anderen zu begegnen und Zeit mit ihm zu verbringen, aber diese Zeit ist dann begrenzt. Und so grenzen wir dann auch die gemeinsamen Themen ein.

Glücklich machen kann in dem Sinn wahrscheinlich beides. Eine Beziehung genauso wie ein geklärtes Verhältnis. Es kommt immer sehr darauf an, was man eigentlich sucht, oder welches Beziehungsmodell für den Einzelnen passend ist. Das herauszufinden ist wieder ein Lernprozess, den manche von uns jahrelang nicht abschließen können. Wenn wir aber bei uns selbst ankommen, uns in allen Facetten des Lebens kennengelernt haben, wissen, was wir von einem Partner erwarten, wissen, was wir nicht nur in zärtlichen Stunden, sondern auch im täglichen Leben von einem anderen Menschen erwarten, dann entwickeln wir daraus unser ganz eigenes Beziehungsmodell. In der Beziehung werden sich dann auch gewisse Gemeinsamkeiten verändern oder sie werden entsprechend in den Vordergrund gestellt.

Und ein gemeinsamer Lebensabschnitt besteht aus vielen kleinen Bestandteilen, die alle irgendwie zueinander finden können. Ob es dann mal Zeiten gibt, in denen man dem Partner körperlich sehr häufig nahe ist, oder auch manchmal welche, in denen andere Dinge wieder Vorrang haben, wichtig ist am Ende nur, dass wir glücklich sind mit dem Leben, das wir führen. Dass wir uns dem anderen öffnen können, eine Vertrauensperson haben und wissen, dass da jemand ist, mit dem wir eine gewisse Strecke unseres Lebens gehen können. Für manche sind das ein paar Monate, ein paar Jahre, es soll auch Menschen geben, für die gilt es ein Leben lang. Und, wie besagt schon das alte Sprichwort: „Für jeden Topf gibt es einen Deckel!" Manchmal braucht man einfach ein Weilchen, bis man ihn findet.

Kapitel 6 Gender Traffic
... was Männer drüber denken

Ich gehe jetzt einfach mal davon aus, dass wir alle wissen, was Gender Traffic bedeutet. Ich persönlich finde dieses verniedlichende Wort einfach passend. Denn selbst in einer Zeit in der die sexuelle Revolution und diverse Praktiken schon längst Einzug in die Schlafzimmer gehalten haben, gibt es Menschen, die ein Problem damit haben, ihre Wünsche offen auszusprechen. Allein das Erwähnen von Sex lässt manche schon in einem sanften rosa Teint erstrahlen.

So wie heute war es in dieser Hinsicht noch nie zuvor. Gender Traffic wünscht sich jeder von uns, egal ob Mann oder Frau, beide benötigen es in einer gewissen Weise. Was wäre schöner, als mit dem Mann oder der Frau seiner Träume intensiven Erfahrungen nachzugehen. Dennoch stellt sich hin und wieder die Frage, warum es einem schwer fällt, seine Wünsche offen auszusprechen. Findet sich hier ein Problem unserer Erziehung wieder, oder ist es einfach die Intimität, die uns eine gewisse Distanz zum Wort Sex aufbauen lässt?

Eine neue Partnerin (auch wenn sie nur für eine Nacht ist) bedeutet immer wieder eine neue Erfahrung und eine neue Herausforderung, der es sich zu stellen gilt. Es ist eine Chance, etwas Neues kennenzulernen und diesen Menschen ganz nah zu spüren. Doch macht man alles richtig? Erfüllt man alle Erwartungen des Partners, oder wird er enttäuscht das Feld räumen? Wie verhindert man eine Unausgeglichenheit bei der schönsten Nebensache der Welt? Wie stellt man sicher, dass man nicht Gesprächsthema beim nächsten Kaffeeklatsch mit der Freundin wird? Ähnliche Gedanken sind dir sicher schon einmal durch den Kopf gegangen. Und doch lassen wir uns immer wieder auf neue Gefährten ein. Ist es wirklich dieser Forscherinstinkt, der uns auf neue Reisen durch die Weiten der Lust führt, oder ist es einfach der Urinstinkt, der in uns schlummert bzw. die genetische Verpflichtung, sich auf irgendeine Art und Weise fortzupflanzen. Wie geht man es eigentlich an, dass aus einem romantischen Date ein Abend voller prickelnder Erotik wird?

Meiner Ansicht nach ist es sinnvoll, sich dem Abenteuer der körperlichen Liebe voll und ganz hinzugeben. Denn man hat nichts zu verlieren, die Chancen stehen gut, sich dadurch auch eine solide Ausgangsbasis zu schaffen. Nicht umsonst stellen Sexualforscher fest, das Gender Traffic die Grundlage jeder Beziehung ist und mit diesem durchaus positiven Erlebnis, die Partnerschaft intensiviert wird.

Am Anfang steht dieses körperliche Verlangen, welchem man nur schwer wiederstehen kann. Warum sollte man das auch tun? Einfach die Arme öffnen und die Liebe empfangen. Die ersten Monate wird die Häufigkeit des „Gender-Traffic" wohl extrem hoch sein und man wird sämtliche Studien, wie oft man wann und wo Sex haben kann leicht übertreffen. Es stellt sich nicht die Frage, ob man seinem Trieb nachkommen sollte oder nicht, es geht einzig um den Ort. Um mehr nicht. In dieser Phase werdet ihr wahrscheinlich himmelhochjauchzend die Betten oder andere Plätze gemeinsam teilen und vielleicht auch nur knapp einer Anzeige wegen Erregung öffentlichen Ärgernisses entgehen. Aber mein Gott, erlaubt ist, was Spaß macht und das so oft wie nur möglich. Auch werdet ihr euch dabei erwischen, wie ihr euren Freunden gemeinsam vom perfekten Ablauf eurer Beziehung erzählt. Ob Frauen dabei genau ins Detail gehen oder nicht, das kann ich so generell nicht sagen. Bei Männern wird das wahrscheinlich weniger der Fall sein. Männer sind eher verschlossener, wenn es um die schönste Nebensache der Welt geht. Ein anderes Bild ergibt sich aber, wenn dieses Abenteuer nur einen sogenannten „Onenight-Stand", also ONS darstellt. Diese werden klarerweise gerne breitgetreten und vermitteln leider ein komplett falsches Bild der Männlich- bzw. Weiblichkeit.

Sex ist mit einem guten Essen vergleichbar, es ist wunderschön und es motiviert, wenn es einem „schmeckt", aber es wird auch eintönig, wenn man jeden Tag das Gleiche vorgesetzt bekommt. Egal, welches Themengebiet man hier vergleicht, der Rückschluss liegt nahe, dass der Mensch an sich Abwechslung braucht. Das kann man in einer festen Beziehung wohl nur schwer mit diversen Partnerwechseln durchziehen, dennoch bieten sich gerade in einer Partnerschaft genügend Dreh- und Angelpunkte, wie man Bettgymnastik anspruchsvoll, erregend und abwechslungsreich gestalten kann. Dazu kommt, dass es natürlich von Vorteil ist, wenn man über gewisse Erfahrungen verfügt, um diese beim nächsten Event einfließen zu lassen.

Es gibt aber auch Menschen, deren Erinnerungen sicher einige Lücken aufweisen, oder die aufgrund ihrer Religion keinen Schatz haben. Diesen sei gesagt: Kein Problem, beim Sex kann man generell nichts falsch machen, solange man niemanden gefährdet. Angepriesene Zeitschriften und Stellungen sind genauso für die „Katz" wie diverse Tipps über sexuelle Praktiken, die ihr in eurem Leben lesen werdet. Tipps und Tricks kann man sich zwar besorgen, doch umsetzen muss man sie selbst. Auch hier könnte man wieder Parallelen mit der Welt außerhalb des Schlafzimmers ziehen. Bis man sich zu einem perfekten Tänzer gemausert hat, vergehen oft Jahre, wenn nicht Jahrzehnte. Das soll dir nur verdeutlichen, dass Sex nur dann wirklich schön ist, wenn man es mit einem Menschen tut, den man liebt. Nur dann kann man sich in den Armen des anderen geborgen fühlen und in seinen Haaren versunken den Duft der Liebe wahrnehmen.

Auch wenn im Laufe der Zeit die körperliche Lust abnimmt, so ist dies noch lange kein Zeichen, das auf ein Scheitern der Beziehung hinweist, sondern eher die Regel. Wenn mir heute einer erzählt, er hätte nach fünf oder zehn Jahren Beziehung noch immer gleich viel Spaß am Sex wie früher und die Häufigkeit hätte nur minimal abgenommen, weiß ich nicht so recht, ob ich das wirklich glauben soll. Wenn es solche Pärchen wirklich gibt, dann sind sie nur so selten anzutreffen, wie Menschen mit einem IQ über 140 (wobei man mit 130 schon als hochbegabt gilt).

Leider liegt es in der Natur des Menschen, sich besser darstellen zu wollen, als man nun einmal ist, aber das werden wir wohl nicht ändern können und das wollen wir auch nicht.

Ich bin noch immer der Ansicht, dass die Qualität von Sex mit der Zeit einfach zunimmt. Sicher ist es nicht mehr so, dass man sich schon beim Hinsehen, die Kleider vom Leib reißen will, dennoch wird Sex mit der Zeit einfach intensiver. Und wenn es nun mal nicht mehr klappen will, gibt es meistens eine einfache Erklärung, die den Sachverhalt verständlich macht.

Stress, im Job oder in der Beziehung, ist der Lustkiller Nummer eins. Man ist generell so angespannt, dass man sich nicht mehr die Zeit für die schönste Nebensache der Welt nehmen kann. Tausende von Ausreden, die jeweils einem Klischee zugeordnet werden, säumen den Weg in die Büros diverser Partneragenturen oder besser noch zum Psychologen. Da Gender Traffic etwas sehr Intimes ist, denken Frauen verständlicherweise ganz anders als Männer. Sind es für einige unter uns Momente der Lust, in denen Frauen als Objekte gesehen werden, wenden sich andere unserer Gattung dem Wohlbefinden der Frau zu, deren Körper nach sexueller Befriedigung verlangt. Aber wo ist die Grenze und warum haben Frauen und Männer nicht immer zur gleichen Zeit das Verlangen nach Intimitäten?
Es hört sich so einfach an, als Mann diese Momente, in denen Frauen ihren inneren Frieden nicht finden, einfach zu überstehen.

Sicher es ist kein Problem, wenn wir wieder einmal nach deiner Pfeife tanzen und feststellen, wie schwer das Leben dich wieder einmal getroffen hat. Wir sollen über den Dingen stehen und stets ein Fels in der Brandung sein. Ein Mann, den nichts umwerfen kann und der immer und jederzeit für einen da ist, wann immer man ihn braucht. Wird er nicht benötigt, dann darf er sich ruhig mit sich selbst beschäftigen, aber nur so lange, bis wir ihn wieder dann ganz plötzlich wieder vermissen. Dieses Verhalten legen Frauen auch gerne in intimen Momenten an den Tag. Versucht man seine Freundin mit Berührungen zu stimulieren, wird es ab und an vorkommen, dass man eine Abfuhr erhält. Migräne, Übelkeit, die Regel oder viele andere Dinge stehen hier auf der Liste, deren Vollständigkeit nicht gewährleistet ist. Aber was soll's, wir werden uns anpassen und werden versuchen, diese Momente mit dir zu überstehen.

Vielleicht ist uns einfach nicht klar, dass Frauen viel mehr beim Sex empfinden als Männer bzw. dass sie einfach anders empfinden.

Wirklich schlimm wird es für uns hingegen nur, wenn wir deine momentane Unlust auf nichts zurückführen können. Wenn wir nicht wissen, woran wir sind und wenn wir auch keine Ahnung haben, ob dies jetzt ein Dauerzustand ist oder nur ein bewölkter Himmel, der nach Abklingen des Gewitters wieder in schimmerndem Himmelblau erstrahlt. Leider haben wir Männer es auch noch nicht wirklich herausgefunden, wie Frauen wirklich ticken, aber wir könnten viel besser damit umgehen, wenn es uns jemand (also du) erklären würde, woran wir sind. Wir haben hin und wieder auch keine Lust diversen Bettspielereien nachzugehen, aber wir zeigen euch, dass wir euch wollen und artikulieren uns auch dementsprechend. Wenn ihr uns hier nur hin und wieder einen Tipp geben könntet, würden wir die Tage der sexuellen Abstinenz nicht als „Zurück in die Jungfräulichkeit", sondern als Chance sehen, wie wir beide unsere Beziehung wieder in den Griff bekommen könnten.

Abschließend lässt sich feststellen, dass wir Gender Traffic als durchaus positive Sache erachten. Jeder Mann, der meint, er brauche keinen Sex, der lügt. Meist sind es nur Phasen, die dazu da sind, dir verständlich zu machen, dass es nicht nur um deinen Körper, sondern um das Gesamtpacket geht, das wir gerne mit nach Hause nehmen würden.

In Zeiten wie diesen ist es uns generell lieber, mit einer fixen Partnerin die Abenteuer der Liebe zu erleben, als uns hemmungslos durch die Betten der Stadt zu schlafen. Von eventuellen Krankheiten oder Gefahren abgesehen, macht es einfach viel mehr Spaß, Zweisamkeit mit einem Menschen zu erleben, denn man kennt und liebt.

Sex verändert sich und wird im Verlaufe einer Beziehung nicht mehr das Standbein sein, das das Feuer in einer Beziehung am Köcheln hält, aber es ist auch der Alltag, der das Leben so lebenswert macht. Klar wollen wir, genauso wie du auch, auf unsere

Kosten kommen, aber wozu in fremden Gebieten wildern, wenn das Gute nur einen Kopfpolster entfernt ist?

Kapitel 7 Das Leben
... als Single

Warum ist es eigentlich so schön? Das, was uns am Anfang die Kraft raubt, was wir nicht ertragen können, wenn eine zu Beginn wunderschöne Beziehung plötzlich vorbei ist?

Ich kann es nur mit meinen eigenen Erfahrungen ausdrücken. Als ich sehr unfreiwillig wieder in das Single-Dasein geschupst wurde, war es eine Qual. Es war am Anfang geprägt von unendlichem Liebeskummer. Von Unverständnis, warum das jetzt so sein muss. Von Tränen, die mich nicht mehr verlassen zu scheinen wollten. Von Selbstzweifel – was habe ich falsch gemacht? Warum kann ich nicht, wie so viele andere auch, ein glückliches Zusammensein leben, das Bestand hat? Wochenlang habe ich mich mit diesen Fragen herumgequält, bis ich bemerkte, dass ich eigentlich nur mehr ein Schatten meiner selbst war. Ein Haufen Selbstmitleid, der Gott und die Welt dafür verantwortlich gemacht hat, dass das Elend so ist, wie es ist. Doch habe ich beim Blick in den Spiegel irgendwann erkannt, dass einzig und allein ich das Problem war. Ich habe zugelassen, dass ich vor mich hin vegetiere, ich habe zugelassen, dass ich nicht mehr rausgehe und in Folge dessen auch keine neuen Menschen mehr kennengelernt habe. Niemand sonst war schuld, dein Leben nimmst du immer selbst in die Hand.

Stück für Stück habe ich dann angefangen, dieses Leben wieder aufzubauen. Habe jeden Tag versucht, kleine Schritte zu machen. Ja, am Anfang folgen auf jeden Schritt, den du vorwärts gehst, vier rückwärts. Aber ich bin immer weiter nach vorne gegangen. Ich habe mir neue Hobbys gesucht, habe mich zu Beginn gezwungen, diesen nachzugehen. In meinem Fall hieß das, ich habe angefangen, regelmäßig zu tanzen, habe Kurse gebucht. Und mich an manchen Abenden stundenlang mit meinem inneren Schweinehund unterhalten und mit mir selbst diskutiert, bevor ich es geschafft habe, mich alleine auf den Weg zu machen.

Wollt ihr wissen, was dabei rausgekommen ist? Nicht nur, dass ich viele neue Menschen kennengelernt habe, die mich in ihrer Mitte aufnehmen, die mit mir lachen, mit mir tanzen, sich mit mir unterhalten ohne gleich mehr von mir zu wollen, ich habe etwas – in meinem Leben bisher Einzigartiges – geschafft: Ich bin bei mir selbst angekommen. Inmitten dieser unendlichen Selbstzweifel, dieser tausenden von Fragen, die man sich stellt – was man falsch gemacht hat, was eigentlich das Problem ist, warum man alleine ist – habe ich mich selbst gefunden. Mich, mit meinen ganzen kleinen Fehlern, mit meinen neuen Hobbys, die mich über die Maßen fordern. Mit meiner neuen Unbeständigkeit, sich nicht über das erste Date hinwegzuwagen. Und sollte es doch mal ein Mann schaffen, ein zweites Date mit mir zu haben, dann bemerke ich spätestens beim dritten, dass sich auf diesen Menschen einzulassen, auch ein bisschen bedeuten würde, dass ich meine Mitte wieder ein Stück zurücksetzen muss. Weil eine Beziehung bedeutet, dass man auf den anderen eingehen muss (will). Weil es immer ein gemeinsam ist, nicht mehr nur ein ICH, sondern ein WIR.

Es ist eigenartig, noch vor wenigen Monaten hätte ich mir in meinen kühnsten Träumen nicht gedacht, dass ich mein ganz Single-Leben jemals so vehement vor einer potentiellen Beziehung verteidigen würde. Mein einziger Wunsch wäre damals gewesen, glücklich mit jemandem zu sein. Nie zuvor hatte ich daran gedacht, glücklich mit mir alleine zu sein.

Was ist es also, dass ich an meinem Single-Dasein so sehr liebe?

Wollt ihr eine ehrliche Antwort? Es ist die Freiheit. Dieses Gefühl, zu jedem Zeitpunkt frei entscheiden zu können, was man macht. Gehe ich weg und komme nicht heim, es ist in Ordnung. Mache ich die Nacht zum Tag und verschlafe daraufhin den nächsten, keiner macht mir Vorwürfe. Komme ich um vier Uhr morgens nach einer durchtanzten Nacht nach Hause, es gibt niemanden, der mich fragt, wo ich war.

Lerne ich irgendwo einen Mann kennen, der mir gefällt, lächle ich ihn an. Ohne Rücksicht auf Verluste. Weil es so gut tut, was man zurückbekommt. Liege ich einfach nur in Ruhe auf meiner Couch und will von der Welt gerade nichts mehr wissen, die Welt lässt mir meine Ruhephasen.

Es geht hier nicht um die Frage: Wie viele kann ich mir mit nach Hause nehmen? Irgendwann ist jeder von uns erwachsen genug, zu wissen, dass Quantität keinen Platz in der Liga der schönen Dinge des Lebens hat. Es geht einfach darum, wieder zu lernen, das Glück auszustrahlen, das man selbst empfindet. Und niemals, niemals zuvor in meinem Leben war ich so zufrieden. Ich mag es, so wie es ist. Und ich habe große Schwierigkeiten damit, nur daran zu denken, dieses Gefühl aufzugeben.

Ich will frei sein von allem. Frei in meinen Entscheidungen, auch wenn nicht alle richtig sind. Mich zurückziehen können, wann immer ich das möchte. Rausgehen und flirten, was das Zeug hält. Es ist wunderbar. Ebenso wunderbar, wie jemanden zu lieben. Nein, ich habe nicht vergessen, wie es ist, sich zu verlieben. Aber ich habe nicht zuletzt durch die Erfahrungen der letzen Jahre die Messlatte etwas höher gesteckt. Mehr denn je sortiere ich ziemlich schnell aus. Ich weiß, was ich will und was ich nicht mehr akzeptieren kann. Ich nehme mir alles vom Leben, was gut für mich ist und was mich glücklich macht. Für viele mag das wie der reinste Egoismus klingen. Ist es auch. Als Single wirst du egoistisch, egal wie sehr du dich zu Beginn dagegen wehrst. Du kannst nur so überleben und zufrieden werden. Es ist eine Phase in deinem Leben, in der du dich selbst ohne jeden Zweifel in den Vordergrund stellst. Und auch wenn diese Phase nicht nur Vorteile hat, ich empfinde sie als sehr wichtig.

Ich habe zwölf Jahre meines Lebens benötigt, um an diesen Punkt zu gelangen. Um absolut im Reinen mit mir selbst zu sein und mich selbst ganzheitlich zu begreifen. Das macht mich einerseits zwar gerade in diesem Moment unfähig, mich auf einen neuen Menschen in meinem Leben einzulassen, aber andererseits gibt es mir im Gegenzug auch eine Zufriedenheit, ein Gefühl der Freiheit zurück, das ich zuvor noch nicht erleben durfte.

Die Schwierigkeit so einer Phase ist die, andere Menschen nicht zu verletzen. Denn man probiert es ja trotzdem. Ein glücklicher Single zu sein bedeutet ja nicht, dass man sich vor der Außenwelt verschließt. Man probiert es schon das eine oder andere Mal und lässt sich auf eine Verabredung ein. Genießt diese auch. Und dennoch, immer kürzer werden die Abstände, in denen man wieder beschließt, dass es nicht aufgeben möchte, so wie es ist. Sind wir am Ende dann doch unfähig, uns zu verlieben? Oder warten wir auf den Urknall, auf diesen einen Menschen, den wir ansehen und es trifft uns wie der Blitz? Wir wissen, dass das früher auch funktioniert hat. Und doch sind wir uns bewusst, dass die Messlatte damals einfach noch nicht so hoch war. In einem Alter, in dem wir noch nicht genau definieren können, was wir möchten und was eigentlich nicht, ist es vermeintlich einfacher (oder leichtsinniger?) sich zu verlieben. Wir verschenken in der Jugendzeit unser Herz, als würde es kein Morgen mehr geben. Wir sehen alles durch eine rosarote Brille und wollen überhaupt nicht einsehen, dass die Welt in Wahrheit nicht immer nur rosa ist.

Mit den Jahren verändert sich das. Wir lernen, besser auf unser Herz aufzupassen. Wir schenken es nicht mehr jedem. Und das bringt leider mit sich, dass es auf dieser Wegstrecke unseres Lebens auch manchmal ein gebrochenes Herz gibt. Denn nicht jedem, der uns Liebe schenken möchte, können auch wir Liebe zurückgeben. Das tut uns in dem Moment, wo wir das dann aussprechen, zwar wirklich leid für diese Person, aber es birgt doch dieses Quäntchen Freiheit in sich, das wir so sehr lieben.

Schuhe probiert man ja schließlich auch an, bevor man sie kauft. Ich weiß, ein sehr extremer Vergleich. Aber ist es nicht so, dass wir den anderen zuerst mal kennenlernen müssen, um uns entscheiden zu können, ob wir mit diesem Menschen eine gemeinsame Strecke unseres Lebens bewältigen wollen? Ich frage mich, warum man es immer gleich eine Beziehung nennen muss und nicht einfach nur ein Kennenlernen.

Beides bringt seine Schwierigkeiten mit sich, Single-Leben und Beziehung. Als Single denkst du irgendwann, du bist unfähig, dich auf einen anderen Menschen einzulassen. Unfähig zu lieben. Obwohl du eigentlich ganz genau weißt, dass du es kannst. Es ist nur noch nicht der Richtige in dein Leben getreten. Du lernst sehr gut, mit dir selbst zu leben, alles um dich herum nur auf dich alleine einzustellen.

Eines der wenigen Dinge, die nicht schön sind während dieser Phase ist die Tatsache, dass du immer alleine einschläfst und auch alleine aufwachst. Dass du hin und wieder jemanden vermisst, der dich einfach in den Arm nimmt und dich festhält. Du vermisst dieses Gefühl der Zweisamkeit und hast dennoch als Ausgleich dieses unwiederbringliche Empfinden von Freiheit.

Als Beziehungsmensch liebst du. Gibst alles, verzichtest auf deine Freizeit alleine, du willst ja alles mit dem geliebten Menschen teilen. Du teilst die Freude, die Traurigkeit, du hast immer Zugang zu diesen Momenten, in denen du nicht alleine bist, in denen dich jemand festhält. Und irgendwann, irgendwann in diesem gemeinsamen Glück, fängst du an, die Freiheit zu vermissen. Diese Möglichkeit, immer alleine entscheiden zu können, was du als nächstes machst oder auch nicht. Du entdeckst bei aller Liebe, dass es Momente gibt, in denen du dir wünschst, du wärst einfach mal wieder nur für einen Tag Single. Obwohl du dich noch genau daran erinnern kannst, dass du das Single-Dasein am Anfang als furchtbar empfunden hast. Und trotzdem hat es dich irgendwann erfüllt und glücklich gemacht.

Es ist ein ewiger Kreislauf des Lebens.

So sehr ich davon überzeugt bin, dass es mit den Jahren nicht einfacher wird, sich auf einen neuen Menschen einzulassen, so bin ich auch der Meinung, dass es jedem von uns vergönnt sein sollte, zumindest einmal im Leben seine Mitte – ganz alleine – zu finden. Es macht die Partnersuche nicht einfacher, aber diese Erfahrung zeigt dir unwiderruflich, wer du wirklich bist. Und was du wirklich willst. Und auch wenn es bedeutet, dass die Chance, einen geeigneten Partner zu finden, vielleicht geringer wird und wenn es Momente geben kann, in denen du auf dein Herz vielleicht zu sehr aufpasst und nicht mehr zulassen kannst, dass ein anderer Mensch dir näher kommt, so ist es doch eine Erfahrung, die ich jedem Menschen vergönnen würde. In seiner eigenen Mitte anzukommen, fühlt sich wunderbar an. Aber es erfordert, dass man in dem Moment alleine ist. Irgendwann wird es wieder unser größtes Glück sein, jemanden lieben zu lernen. Liebe zuzulassen.

Auch wenn ich mich in manchem Moment frage, ob der Mann, der mich erträgt (oder umgekehrt) überhaupt schon geboren wurde, bei allem Freiheitsdrang und bei aller Zufriedenheit mit meinem Leben, ich weiß, dass es irgendwo auf dieser großen weiten Welt einen Menschen gibt, der genau auf mich wartet. Nur dass ich es zum ersten Mal in meinem Leben nicht mehr eilig damit habe, ihn zu finden. Ich lasse mir jetzt Zeit. Und genieße es so wie es ist. Wenn das Schicksal es will, dass er eines Tages vor mir steht, dann soll es so sein. Aber ich bin endlich nicht mehr auf der Suche. Ich habe mein Leben angenommen so wie es ist. Und es macht mich glücklich.

Kapitel 7 Das Leben
… in einer Beziehung

Ist eigentlich immer schön, oder doch nicht? Generell glaube ich sagen zu können, dass es einem nach erfolgreichem Werben doch um einiges leichter fällt, den Beziehungsalltag zu genießen. Auch wenn das Wort Alltag eigentlich schon wieder etwas Falsches darstellt, weil wie wir alle wissen, dass „der Alltag" den Trennungsgrund Nummer eins in einer Partnerschaft darstellt. Aber es lässt sich trotzdem sagen: Ein Leben zu zweit ist aufregend, wenn man es auch so gestaltet. Ob sich dieses klassische Bild der Mann-Frau-Konstellation jetzt manifestiert hat oder nicht, das sei dahingestellt. Es geht einem doch einzig und alleine um den Moment, den man gemeinsam genießen kann. Oder doch nicht?

Die Kraft, die man vorher aufgebracht hat, um seinen jetzigen Partner von seinen Qualitäten zu überzeugen, diese Kraft wird nun dazu genutzt, den stressigen Alltag zu meistern. Wer erinnert sich nicht an die Zeit, in der Mann/Frau ganz alleine auf sich gestellt war? Jedes Date, das nicht gerade von Erfolg gekrönt war, hatte doch zur Folge, dass man seinen Partner nun endlich gefunden hat. Vorbei sind all die Abende oder Tage danach, an denen man sich selbst verflucht und am liebsten im Boden versunken wäre. Vorbei sind auch die ganzen Emails, die Mann mit Frau ausgetauscht hat, um gegenseitiges Interesse vorzugaukeln. An diese Stelle treten stattdessen andere tolle Events, die sich in trauter Zweisamkeit widerspiegeln.

Wir Männer sind in dieser Hinsicht richtiggehend erleichtert, wenn wir es endlich geschafft haben. Wir müssen nicht mehr täglich auf die Pirsch gehen und um den besten Abschuss buhlen, geschweige denn, die erfolgreiche Jagd bei unseren Freunden und Bekannten anpreisen. Nein, nun können wir doch endlich einmal sein, wie wir sind. Lieb, nett, einfühlsam, einfach wir selbst.

Soweit also die Theorie. Es gäbe auch gar keine Probleme, wenn sich Männer im Wesentlichen an die obigen Zeilen halten würden und nur einen Bruchteil dessen in eine Verbindung retten würden. Leider wird aus der Theorie nur allzu oft die Realität. Aber dazu später mehr.

Nüchtern betrachtet ist es doch so: Wochenlang wurde aufs Heftigste mit allen Regeln der Kunst (nächtliche Anrufe, SMS um drei Uhr morgens, Frühstück im Bett usw.) darauf hingearbeitet, das Objekt der Begierde an seine Seite zu bringen. Und sie davon zu überzeugen, dass man der EINE ist, für den es sich lohnt. Nun befinden wir uns in einer Phase, in der wir alles durch die rosa Brille sehen. Nein, es geht hier nicht um die Anfangsphase, also um die Verliebtheit, wir sprechen von der Phase in der „Mann" sich bei Freundinnen und Eltern beliebt gemacht hat und sich eine gute Position für weitere Erfolge gesichert hat (klingt fast so wie das Kriegstagebuch Napoleons).

Auf diesem Gipfel der Gefühlswelt zu stehen, erfüllt einen mit innerer Zufriedenheit und dennoch steigen im nächsten Moment Zweifel auf, ob man dem überhaupt gewachsen ist.

Morgens aufzuwachen und den Partner im Bett zu erspähen ist schon etwas Besonderes, ihm mit zärtlichen Küssen einen guten Start in den Tag zu wünschen und mitzuerleben, wie sich die Augen langsam aber sicher an das Tageslicht gewöhnen. Wie schön kann so ein Wochenende beginnen. Der Moment, in dem man sich entschließt, entweder im Bett noch eine Turnübung einzulegen, oder sich an das gemeinsame Frühstück macht. Es ist schon etwas Besonderes, wenn man diese Zweisamkeit genießen kann. Wenn Pläne, während das Drei-Minuten-Ei so vor sich hinkocht, geschmiedet werden und die einzige Unterbrechung das „Pling" des Toasters ist, das verkündet, dass das Brot fertig ist. Die Sonne lacht einem ins Gesicht und man kann sich sicher sein, dass es so immer sein soll. Diese Tage gibt es, zumindest gibt es sie in einer funktionierenden Beziehung, in der alle Beteiligten in gleichem Maße aufgehen. Nach erfolgreichem Frühstück wird die Zeitung durchgeackert und man ärgert sich, weil man wieder einmal das Expert-Sudoku nicht lösen konnte. Danach wird diskutiert und der angebrochene Tag wird durchdacht. Was gibt es Schöneres, als Pläne die man morgens geschmiedet hat, in die Tat umzusetzen. Die einzige Frage, die sich stellt: Woher die Zeit nehmen, um all diese Dinge gemeinsam zu erleben?

Hier ist ein wesentlicher Unterschied zum Single-Leben.

Meistens begann so ein Wochenende mit einem pochenden Kopf, weil man am Vorabend wieder einmal das berühmte eine Bier zu viel hatte. Wenn man sich in der Wohnung umsah, musste man feststellen, dass weder die Pflanzen, noch man selbst in den letzten Wochen Liebe bekommen hatten. Auch die Zeitung ist diesmal nicht das Gelbe vom Ei, und der Toaster schreit noch immer nach Brot, das man am Vorabend nicht aus der Bäckerei nebenan besorgt hat. Was also mit diesem Tage anfangen, nachdem man seinen Rausch ausgeschlafen hat? Ein Bad, eine kalte Dusche, schnell ein Mittagessen beim nächsten Schnellimbiss, und abends? Eventuell mit Freunden auf ein Bier. Ja, so könnte ein Wochenende in einem Männerhaushalt aussehen.

Ich kann selbstverständlich nicht genau sagen, wie es jedem Einzelnen von uns ergeht, trotzdem, in meinem Leben habe ich die Beziehungszeit den wilden Zeiten immer vorgezogen.

Es ist auch von Vorteil, wenn man alle Gemeinheiten des Lebens kennt. Man muss einmal verlassen worden sein, um die Vorteile einer Beziehung zu erkennen. Außerdem ist jede Weiterentwicklung des Individuums ein weiterer Baustein, der notwendig ist, um das Bild einer goldenen Zukunft zu malen.

Eine Beziehung ist wie ein Bild, welches nie vollendet wird, oder aber auch ein Haus, welches auf soliden Mauern steht und doch hin und wieder einmal einer Überholung bedarf. Unsere Aufgabe besteht also nun darin, die Partnerschaft im Wandel der Zeit zu sehen. Sie entwickelt sich immer wieder neu und muss durch Innovationen veredelt werden.

Aber kehren wir zurück an den perfekten Tag. Nachdem also ihr beide euer Frühstück genossen und frisch verliebt durch die Natur wandert, werdet ihr feststellen, dass euch nichts so leicht umwerfen kann. Man fühlt eine innere Stärke. die von nichts beeinflusst werden kann und wenn man ein Schiff in stürmischer See wäre, so würde man jedem Wellengang trotzen. Während ihr beide also gemeinsam Hand in Hand die Welt erkundet, werdet ihr hier und da neidische Blicke spüren, welche euch aber in diesem Moment egal sind. Weiter noch, ihr werdet diese Blicke genießen, denn ihr habt jemanden gefunden, mit dem ihr glücklich seid. Sollen die anderen sich den Kopf verdrehen oder auch im Erdboden versinken, ihr beide werdet erfolgreich durchs Leben gehen. Es gibt in diesem Moment kein Problem, das nicht lösbar erscheint, keine Meinungsverschiedenheit, welche sich nicht durch beiderseitiges Einverständnis lösen lässt. Fakt ist, eine Beziehung ist etwas Wunderbares und ihr werdet immer an diese Momente zurückdenken.

Ist man nun Single, tja, was soll ich sagen, dann stellt sich das ganz anders dar. Was gibt es Schlimmeres, als ein verliebtes Pärchen zu treffen. Alleine der Weg am Morgen zum Bäcker könnte schon reichen, um Suizidgedanken aufkommen zu lassen. Überall nur Verliebte. Können die das nicht zu Hause machen, ist es notwendig, dass sie ihre Liebe in aller Öffentlichkeit zeigen? Gerade jetzt, wo mich doch X wegen Y verlassen hat. Jeder ist gegen mich und keiner versteht meine Probleme. An wen soll ich mich wenden, an meine besten Freunde? Die sitzen wahrscheinlich schon mit ihrer Angetrauten bei einem Kaffee, genießen die ersten Sonnenstrahlen und flüstern sich neckisch Koseworte zu. Ach, ein Leben als Single kann so einsam sein. Klar, ich muss auf keinen Rücksicht nehmen und vielleicht treffe ich mich heute noch mit Paula (24, alleinstehend, auf der Suche nach „Mr. Right"). Aber warum eigentlich? Nur um ihr vorzugaukeln, dass ich ja genau auf ihrer Wellenlänge bin? Nein, dass macht ja auch keinen Sinn, ich hab es doch nicht nötig, mich mit irgendwem abzugeben, nur um in den Genuss prickelnder Erotik zu kommen. Da ist mir ein toller Film abends doch viel lieber. Weil es mit gerade einfällt, heute wäre wieder einmal Gladiator im Fernsehen. Welcher Mann würde sich diesen Film schon mit einer Frau ansehen? Also nichts wie hin zur nächsten Tanke und her mit dem Bier und den Chips, die heute Abend noch dran glauben müssen. Ich brauche keine Beziehung, ich bin ein Mann und das ist gut so…

Was soll man dazu sagen? Eine Beziehung mit einem Single-Dasein zu vergleichen, würde in etwa so viel Sinn machen, wie eine Banane mit einer Gurke zu vergleichen. Beides wäre essbar, dennoch dienen sie verschiedenen Zwecken. Naja, aber lassen wir das.

Generell wird es schwer werden, Zugang zu einer Situation zu erlangen, in der man derzeit nicht steckt. Der eine wird den anderen nicht verstehen und damit befindet man sich auf zwei Inseln. Ich bin mir aber ziemlich sicher„ dass es mehr Menschen gibt, die sich in einer Beziehung wohler fühlen als als Single. Eine Erklärung dazu fällt nicht schwer und es ist nur allzu logisch. Wir sind Wesen, die alleine nichts erreichen können. Wir würden uns nicht zu Menschen entwickeln, wenn wir nicht in der Kindheit jemanden finden würden, der uns führt und an der Hand hält, uns lernt Richtiges von Falschem zu unterscheiden und unsere Fähigkeiten fördert. Auch eine Beziehung ist ein Lernprozess, dem man sich unterwerfen muss und auch soll. Nur durch Erfahrungen wird einem vermittelt, wie man den Kurs im wogenden Meer der Liebe hält. Auch eine Kommunikation zwischen Kapitän und Steuermann ist unumgänglich, will man in den sicheren Hafen einlaufen. Auf eurer gemeinsamen Reise werdet ihr durch Untiefen fahren, die Planken werden an den spitzen Felsen bersten und eine Flaute wird euch heimsuchen. Auch wenn es manchmal schwierig wird, so seid euch der Tatsache bewusst: Es erfordert viel Arbeit, ein Schiff wieder flott zu machen, doch es geht um einiges leichter, wenn man nicht auf sich allein gestellt ist.

Eine zwischenmenschliche Beziehung, ist etwas Wertvolles, denn immerhin haben sich beide Menschen zueinander bekannt und wollen gemeinsam durchs Leben gehen. Wer noch immer auf der Suche ist, dem sei gesagt, dass der oder die Richtige kommen wird. Druck von außen, oder das nette Betthäschen von nebenan bringen dich nicht weiter, sondern lassen dich maximal auf deinem Standpunkt verharren. Ein Schritt zurück bringt hier meistens mehr als ein Sprung in die Ungewissheit.

Es geht nicht um die Optik, es geht um die Werte, die jeder in sich trägt, Schönheit und Ruhm sind vergängliche Dinge, aber das

Wesen eines Menschen bleibt wie es ist und das ist es, was wirklich zählt.

Kapitel 8 Aus und vorbei, ich bin wieder frei
... die weibliche Version

Eine Trennung ist immer etwas, das einem irgendwie wehtut. Egal, ob man derjenige in einer Beziehung ist, der sich trennen möchte, oder man verlassen wird. Und auch dann, wenn beide beschließen, von nun an besser getrennte Wege zu gehen, ist es scherzhaft.

Es ist immer ein kleines Stück von sich selbst, das man aufgibt oder überwinden muss.

Aber was führt eigentlich dazu, dass man eine zuvor gut funktionierende Beziehung beendet? Wann ist genau der Zeitpunkt gekommen, an dem man plötzlich weiß, dass es nicht mehr weitergeht? Dieser Augenblick, in dem du dich selbst im Spiegel ansiehst und du genau weißt: Jetzt ist es so weit, jetzt gibt es kein Zurück mehr. Nahezu jeder von uns hat diesen einen Moment schon erlebt und keiner kann sagen, warum der Gedanke scheinbar so plötzlich da ist und nicht mehr verschwindet. Dieses Gefühl, dass etwas zu Ende ist. Aber ist es wirklich plötzlich vorbei? Oder ist es einfach nur das Ende einer langen Wegstrecke, auf der du überlegst was du tun sollst und was nicht?

Ich glaube, würde ich mich jetzt in eine volle Fußgängerzone stellen und die Menschen um mich herum interviewen, was sie mir zum Thema Trennungsgründe sagen können, ich würde – bei allen möglichen Gründen, die mir wahrscheinlich genannt werden – vier Kategorien einteilen können:

1) Trennungen, die daraus resultieren, dass einer der Partner Mist gebaut hat

2) Trennungen, bei denen beide einvernehmlich beschlossen haben, dass die Gefühle und der Wunsch nach Zweisamkeit nicht mehr stark genug sind

3) Trennungen, bei denen sich beide Partner geliebt haben, aber irgendwelche äußeren Umstände es einfach nicht zugelassen haben, dass man gemeinsam glücklich wird

4) Beziehungen, die eigentlich schon längst überfällig sind, aber keiner bekommt es hin, sich zu trennen

Betrachten wir diese Kategorien nun genauer.

Unter „Mist bauen" versteht man weitläufig betrügen. Natürlich gibt es auch andere Gründe, die dazu führen können, dass es einem der Partner in einer Beziehung zu viel wird, aber nehmen wir mal den absoluten Klassiker an: Er/Sie ist fremdgegangen. Ein absolutes Männerthema möchte man meinen, aber wenn man einen genauen Blick hinter die Kulissen wirft, dann bemerkt man sehr wohl, dass nicht nur Männer betrügen. Auch einer Frau kann so etwas passieren. Aber es scheint, als hätten Frauen in diesem einen Punkt die Gabe, Dinge hinter sich zu lassen und mit so einer Geschichte einfach abzuschließen und sich nichts anmerken zu lassen.

Nein, liebe Prinzen, wenn ihr jetzt darauf hofft, dass ich nun aus dem Nähkästchen plaudere und erkläre, wie eine Frau das anstellt, dann habt ihr euch getäuscht. Denn jede oder jeder muss selbst entscheiden, wie ehrlich er zum anderen ist und muss selbst mit den Erfahrungen, die er oder sie macht, umgehen können oder es auch lernen.

Fakt ist: In sehr vielen Fällen führt so ein Seitensprung, der ans Licht kommt, zur Trennung. Auch wenn es manchmal bis zum endgültigen Schritt sehr lange dauert.

Wir alle haben schon mal gesagt „Das würde ich ihm verzeihen, wenn's nur einmal passiert". Wir alle haben schon geglaubt, dass die Wunde, die dir so ein Ereignis ins Herz reißt, wieder heilt. Es mag sein, dass sie einigermaßen heilt, es mag auch sein, dass du irgendwie nach außen hin einen Weg findest, damit umzugehen. Aber tief in dir bleibt es. In dem Moment, in dem du erfährst, dass dich der Mensch, den du liebst, betrogen hat, zerbricht etwas in dir. Das Vertrauen ist ab diesem Zeitpunkt angeknackst und wird auch nicht mehr ganz heil. Auch wenn wir uns das wünschen würden.

Man kann mit Sicherheit nicht alle Menschen pauschalisieren, es mag diejenigen unter uns geben, die so etwas mit der Zeit vergessen können. Aber es gibt viele, sehr viele, die so lange mit so einer Geschichte kämpfen, bis es dann schlussendlich zu einer Trennung kommt. So dumm und einfach das auch klingt, am

Ende hilft uns das Wissen darum, dass wir betrogen wurden, schneller wieder einen Schritt vorwärts zu gehen. Denn in einem Moment, in dem du an deiner Entscheidung, dich zu trennen, zweifelst, in dem du ihn zurück haben willst und alles, was vorgefallen ist, vergessen willst, in diesem Moment erinnerst du dich daran, dass er dich so verletzt hat und dann wirst du wütend. Dann sagst du dir selbst wieder, es ist besser so. Er hat es verdient. Und dann bist du auch wieder überzeugt von der Richtigkeit deiner Entscheidung. Es sei dahingestellt, ob diese Art und Weise zu denken, richtig oder falsch ist, aber sie hilft ungemein. Eine Trennung nach einem Seitensprung schmerzt im ersten Moment vermeintlich mehr als andere. Aber der Schmerz hält aufgrund der Wut, die wir empfinden, nicht so lange an.

Trennungen, bei denen beide beschließen, es wäre besser, das Leben ohne den anderen zu bewältigen, sehen nach außen hin und für das soziale Umfeld immer sehr vernünftig aus. Sind sie ja eigentlich auch, denn in den meisten Fällen geht solchen Entscheidungen eine lange Zeitspanne voraus, in der beide Partner alles Mögliche versuchen, um ihre Liebe zu retten. Aber im Grunde ist es diese Art von Trennung, die dir jegliche Kraft raubt. Weil du kämpfst. Weil du den Kampf gewinnen möchtest. Nur um ihn am Ende doch zu verlieren.

Das Eingeständnis, es nicht mehr retten zu können, ist der schwerste Moment in solchen Situationen. Es ist genau dieser eine Augenblick: Du wachst auf und weißt, es geht nicht mehr weiter.

An diesem Punkt bist du von der vorangegangenen Anstrengung, die Beziehung retten zu wollen, schon so verbraucht, dass das eigentliche Gespräch mit dem Noch-Partner dann meistens schon sehr ruhig abläuft. Kein Streiten, keine bösen Worte. Nur mehr zwei Menschen, die es nicht mehr schaffen, miteinander zu leben. Es mag nach außen hin die einfachste Art der Trennung sein, weil ja alles so schön geklärt ist und in aller Freundschaft abläuft. Aber in Wahrheit ist es die schwerste aller Möglichkeiten sich zu trennen. Weil Du den Kampf um die Liebe mit dir selbst ausfechtest und auch gegen dich selbst verlierst.

Aber auch hier kann es auf dem Weg in ein neues Leben sein, dass einem das Wissen um die Richtigkeit der Entscheidung hilft, nach vorne zu blicken. Es ist eine traurige Gewissheit, aber du stellst dadurch deine Entscheidung nicht mehr in Frage.

Wie sieht es aber aus, wenn beide sich lieben und es trotzdem nicht möglich ist, zusammen zu sein? Der Romantiker in uns sagt natürlich immer: Es wird einen Weg geben, wenn man sich wirklich aufrichtig liebt. Manchmal im Leben bleibt einem dieser Weg aber verborgen.

Die Gründe hierfür können vielfältig sein. Angefangen von unterschiedlichen Lebensmittelpunkten über Kulturen, Familienangelegenheiten oder auch berufliche Entscheidungen, die dazu führen können, dass man eine Beziehung nicht aufrecht erhalten kann. Denken wir mal zurück an all die Erzählungen unserer Großeltern. Wie viele von ihnen wurden durch Ereignisse wie den Krieg voneinander getrennt und konnten sich nie mehr in die Arme schließen?

Ja, am Ende haben alle irgendwie einen Weg gefunden, damit umzugehen. Aber wie es tief im Herzen solcher Personen aussieht, werden wir wohl nie erfahren, weil sie gelernt haben, das, was sie für diesen Menschen empfunden haben, verschlossen zu halten. Ich bin überzeugt davon, dass es Menschen gibt, die nie aufgehört haben, jemanden, den sie verloren haben, zu lieben. Und Erinnerungen leben in einem weiter. Sie hören nie auf, zu existieren. Weil sie nur einem selbst gehören.

Zu guter Letzt – es gibt Beziehungen, die eigentlich nur mehr nach außen hin aufrecht erhalten werden, nur mehr ein Schein dessen sind, was sie einmal waren.

Häufig wird ein Mensch, der so eine Beziehung lebt, erklären, das viel zu viel dran hängt. Die Spanne reicht vom gemeinsamen Haus über gemeinsame Geldanlagen bis hin zu gemeinsamen Kindern.

Menschen reagieren unterschiedlich. Die einen finden sich mit so einer Situation einfach ab, die anderen versuchen eine Zeit lang, die Beziehung wieder zu kitten, nur um dann zu resignieren. Wieder andere schließen so eine Art der Zweckgemeinschaft – denn mehr ist es in solchen Fällen meist nicht mehr – völlig aus und ignorieren die materiellen Faktoren, die einer Trennung im Weg stehen könnten. Denn eines sei an dieser Stelle festgehalten: Kinder finden einen Weg, mit so einer Situation umzugehen. Meist einen viel besseren und effektiveren als wir Erwachsenen, aber wir glauben immer, wir mussten sie vor etwas schützen, was sie früher oder später ohnehin selbst bemerken und für sich lösen werden.

Freunde und Familien wünschen den beiden Menschen meist, dass sie den Mut aufbringen, etwas Neues zu beginnen und von vorne anzufangen. Denn weiterzugehen ist immer besser als stehen zu bleiben.

Die Liste der Trennungsgründe oder auch der Art und Weise wie eine Trennung durchgeführt werden kann würde wahrscheinlich unendlich lang werden.

Eines ist aber allen Trennungen gleich: Man muss immer eine Entscheidung treffen, zu der man eigentlich nicht bereit ist. Weil sich jeder von uns im innersten seines Herzens wünscht, er würde jemanden finden, bei dem er endlich ankommen kann. Bei dem er einfach zu Hause ist.

Der Wunsch, aufzuhören nach dem richtigen Partner zu suchen, treibt uns immer weiter voran. Manchen wird er erfüllt, manchen nicht. Man kann es nicht heraufbeschwören, kann beim Universum nichts bestellen, und ebenso wenig kann man etwas dagegen tun, wenn der Traumprinz plötzlich vor einem steht und einfach ein Teil des gemeinsamen Lebens wird.

So schwierig und schmerzhaft Trennungen auch sind, so sehr gehören sie zu den Erfahrungen, die wir machen müssen dazu. Sie sind Teil unseres alltäglichen Lebens. Keiner von uns wünscht sich eine solche Situation herbei, aber jeder steht sie irgendwie durch.

Und mögen wir noch so sehr leiden, uns dem Liebeskummer hingeben und am Anfang gar nicht daran glauben, dass es ein Leben ohne diese eine Beziehung, die wir gerade beendet haben, überhaupt geben kann – irgendwann steht jeder von uns auf und geht weiter. Begegnet dem Leben mit der Zeit wieder offen, lässt einfach Dinge auf sich zukommen.

Und irgendwann, irgendwann sind wir wieder bereit, von vorne zu beginnen und wir sind wieder Teil des Kreislaufs der Zweisamkeit.

Kapitel 8 Aus und vorbei, ich bin wieder frei
... der männliche Gegenpol

Ein Berggipfel ist etwas Besonderes, ein Ziel, das man sich setzt und das man gemeinsam erklimmen will. Es ist eine Ironie des Schicksals, aber wenn man dieses Ziel erklommen hat, muss man sich langsam aber sicher Gedanken über den Abstieg machen. Manchmal ist man sich dessen nicht bewusst und man befindet sich schon auf dem Weg nach unten, ohne es zu wissen. Es reicht oft eine Kleinigkeit, der berühmte Stein des Anstoßes, um diesen ungewollten Abstieg einzuleiten. Wie ein Stein, der sich anfänglich langsam und danach mit stetig wachsender Geschwindigkeit der Talsohle nähert, so kann es auch in einer Beziehung von einem Moment auf den anderen vorbei sein. Ist es wirklich unvorhersehbar, oder liegt es vielleicht an uns, dass wir in dem Moment, in dem sich die Sorgen und die Probleme häufen, die Warnungen in den Wind schlagen und die Zeichen nicht deuten können?

Vorweg sei gesagt, dass es keinen bestimmten Trennungsgrund gibt, sondern die Trennung die letzte Konsequenz ist, welche aus vielen unterschiedlichen Meinungsverschiedenheiten oder Ereignissen hervorgeht. Sollte sich jemand in dieser Situation befinden, so ist es nur logisch, nicht in Gedanken dem vorangegangenen „Gipfelsieg" nachzutrauern, sondern sich einer neuen „Erstbesteigung" zu widmen.

Doch wie kommt es dazu, dass man sich trennt? Ist es wirklich nur die Eintönigkeit einer Beziehung, die uns voneinander entfernt? Oder stört es wirklich, dass der Socken immer unter dem Bett, anstatt in dem dafür vorgesehenen Wäschekorb landet?

Sehen wir es uns doch einfach im Detail an. Was passiert, wenn aus der Verliebtheit Liebe wird und aus der Liebe Freundschaft? Klarerweise ist die Leidenschaft erkaltet. Die imbrünstigen Nächte, in denen sexuelle Spiele das Bett zum Quietschen brachten, sind vorbei und nur mehr eine flüchtige Erinnerung. Wenn man nun so vor sich dahinschmachtet und die Gemeinsamkeiten weniger und weniger werden, wenn der eine Gedanken über ein Ende der Beziehung hegt und der andere sich damit beschäftigt, wie er denn seinen Partner wieder etwas mehr an sich binden könnte, dann läuft etwas falsch im Staate Dänemark (zumindest kenn ich dieses Sprichwort so). Es wird immer mehr von der eigenen Identität aufgegeben und die Wünsche des Partner, oder besser gesagt die Lebensweise des Partners, wird immer mehr und mehr akzeptiert. Wenn es bei dem Goutieren bliebe, würde die Problematik nicht in eine Trennung münden. Aber was macht „Mann", wenn er sich nicht sicher sein kann? Wenn er merkt, dass „Frau" sich immer weiter und weiter von ihm entfernt. Entweder lässt er sie gehen, dann steht das Ende unmittelbar bevor, oder aber er begeht den – meiner Ansicht nach fataleren – Fehler, sich wie ein kleiner Hund zu verhalten. Vorbei ist es dann mit der Zeit, in der er einer von denen war, die die Welt erobern wollten, der Frauenherzen zum Schmelzen brachte und in den seine

Freundin sich damals verliebt hatte. Aus dem Idol wurde ein ge-stürztes Denkmal. Und wer bitte sieht sich gern Ruinen an? Wer baut die fehlenden Teile in dem Puzzle immer wieder zusammen? Ich finde es zu klischeehaft, hier die häufigsten Trennungsgründe aufzuführen, die jedem erwachsenen Menschen geläufig sind. Aber um der Erwartung Genüge zu tun, seien sie hier nur kurz erwähnt. Es kann jedoch keine vollständige Liste geben, weil, wie schon eingangs erwähnt, eine Trennung immer nur die letzte Konsequenz aus einer Reihe von Meinungsverschiedenheiten ist.

Vertrauen:

„Seltsamerweise" ist das Ausgehen oder das so genannte Party-machen ein häufiger Trennungsgrund. Dem einen wird es zu viel, der andere würde gerne öfter und der nächste versteht sowieso nicht, warum man in einer Beziehung eigentlich noch dem Alko-hol huldigen sollte. Was am Anfang in einer Bar begann, kann sich sehr schnell in eine mit Problemen überladene Beziehung verwandeln. Früher bist du also gerne ausgegangen, hast mit den Jungs des Öfteren die Nacht durchgezecht und so manche Tele-fonnummer hat in deinem Handy einen Platz gefunden. Du ver-misst diese Zeit? Aber deine Freundin würde es nicht verstehen, wenn du es wieder einmal krachen lassen willst? Eine gute Bezie-hung zeichnet sich durch gegenseitiges Vertrauen aus, dieses lässt sich nicht auf Knopfdruck herstellen, nein, dieses muss man sich erarbeiten. Ein klärendes Gespräch oder aber auch eine Art „Plan" könnten dabei hilfreich sein, die Situation mit der nötigen Distanz zu betrachten. Auch muss man davon ausgehen, dass ein gesteigertes Verlangen nach Spaß und diversen anderen Dingen nicht unbedingt auf Untreue oder einen möglichen Partner hindeutet. Nein, es ist ein erstes Warnsignal, dessen man sich bewusst sein sollte. Wer die Zeichen erkennt, dem wird es ein Leichtes sein, seinen Partner zur Vernunft zu bringen.

Wenn sich zwei Menschen zu einem Schritt entschließen, der ihr Leben verändert, sprich wenn sie eine Beziehung eingehen wollen, dann sind sie sich auch im Klaren darüber, dass sie sich nun von der Singlezeit verabschieden sollten. Ist jedoch einer der Partner nicht bereit, auch nur einen Schritt zurückzugehen, dann wird es wohl zu einem Bruch kommen, der sich nicht mehr kitten lassen wird. Eine Anleitung wie man so etwas macht, wird es nicht geben, weil sie auch nicht ehrlich wäre. Wie kann man von einem Menschen erwarten, dass er sich verändert, wen man selbst nicht dazu bereit ist, sich zu verändern. Ein Schritt zurück ist also notwendig, um gemeinsam zwei Schritte nach vorne zu gehen.

Sexuelle Untreue

Ein weiterer Grund ist wohl die sexuelle Untreue, in die man sich unabhängig vom Geschlecht wissentlich begibt. Wie kann es sein, dass man in einer bestehenden Beziehung dem Reiz des „Unbekannten" erliegt? Was fasziniert einem an diesem Mensch so, dass man bereit ist, ein Risiko einzugehen, das dein Verhältnis zum jetzigen Partner auf Dauer zerstören könnte? Warum immer gleich in die „Vollen" gehen? Ist es so unwahrscheinlich, dass man in seinem Partner die fehlenden Eigenschaften findet? Meiner Ansicht nach leben wir in einer Zeit, in der die sexuellen Wünsche immer größer werden, die eigene Befriedigung an erster Stelle steht und der Wunsch nach Neuem stetig wächst. Diese Gedanken kommen denen eines pubertierenden Jugendlichen gleich, der von der Liebe keine Ahnung haben kann. Und das meine ich diesmal wirklich so wie es hier steht. Jeder von uns hat schon einen Menschen getroffen, dem er sich sofort hemmungslos hingeben würde. Doch warum haben wir das damals nicht getan? Weil der Moment nicht der richtige war, weil zu viel am Spiel stand? Diese Fragen sollten unsere Gedanken anregen. Denn was einmal schon nicht gepasst hat, kann danach nicht passend gemacht werden. Menschen ändern sich nicht und lassen einem wenig Spielraum. Außer, und jetzt kommen wir zu dem entscheidenden Punkt, wir sprechen unsere Wünsche und Bedürfnisse sowie das sexuelle Verlangen aus. Warum nicht? Wovor haben wir eigentlich Angst? Sehen wir uns nicht gerne diese „Dokumentationen" im nächtlichen TV an? Warum umschreiben wir alle sexuellen Praktiken mit „netten & niedlichen" Worten? Weil wir in uns eine Art Schamgefühl haben, das uns daran erinnert, dass unser Partner ein Mensch ist, mit dem wir unser Leben verbringen wollen. Bei einem ONS (ONE-NIGHT-STAND) oder beim Chatten im Internet haben wir diese Gewissensbisse nicht. Es liegt doch auf der Hand. Wenn man sich in der Blase der Anonymität sicher fühlt, fällt es einem leichter, die Dinge beim Namen zu nennen. Und fühlt man sich sicher, so präsentiert man sich anders. Der glorreiche Held in schimmernder Rüstung ist es, der in diesem Moment an die Oberfläche kommt. Mr. Supermann,

Schnellchecker und Mr. Lover Lover... So viel Selbstsicherheit strahlt man aus, wenn man sich als Mann ohne Identität bewegt. Sexuelle Ausdrücke in den Mund zu nehmen und diese seinem Partner mitzuteilen ist aber schon eine Stufe schwieriger.

Eine der wichtigsten Säulen, neben Vertrauen & Sicherheit, ist die sexuelle Anziehung und die Sexualität, die miteinander gelebt wird. Ja, ich würde gar so weit gehen und meinen, dass die gegenseitige Anziehung das Fundament ist, auf dem eure Beziehung steht. Sicherheit und Vertrauen gesellen sich nach der Zeit dazu, aber die sexuellen Wünsche und die Praktiken, die ihr gemeinsam miteinander auslebt, sind es, was euch auch verbindet. Dies solltet ihr bedenken, wenn sich eine oder ein andere(r) in eurer Leben drängt. Es wird immer einen Menschen geben, der euren Partner übertrifft, aber seid euch dessen bewusst: Es gibt auch Leute, die dich übertreffen, die mehr Geld besitzen und im Bett um einiges besser sind als du es bist. Warum also nach den Sternen greifen, wenn diese nur mit dem Budget der NASA zu erreichen sind? Träume sind etwas Schönes, aber Realität wird gelebt. Die Gegenwart und euer Partner sind es, die euch zu dem machen, was ihr seid.

Sicherheit:

Ein schönes Leben, zwei Kinder, ein Auto und ein Haus, das ist es wohl, wonach sich viele Menschen sehnen. Alles schön, alles perfekt. Nur ist das Leben leider nicht so wie wir und das vorstellen. Einen Menschen zu lieben ist eine Sache, aber eine Beziehung wirklich zu leben und darin aufzugehen etwas anderes. Man kommt aller Wahrscheinlichkeit an den Punkt, an dem man sich die Frage stellt, ob der momentane Partner derjenige ist, mit dem man das gemeinsame Leben verbringen will oder auch kann. Und hier stellt sich wohl nicht die Frage nach der Höhe des Einkommens oder nach dem sozialen Status, hier kommt es auf die Fähigkeit an, Probleme zu besprechen und einen gangbaren Weg zu finden, um aus einer Krise wieder herauszukommen. Ein gelöstes Problem ist ein weiterer Pinselstrich in dem Gemälde, welches sich Liebe nennt. Und dieses Gemälde darf niemals fertiggestellt werden. Wenn dem so ist, dann findet man sich unweigerlich wieder auf der Suche nach neuen Aufgaben. Andererseits kann ein Ignorieren der Problematik sehr wohl zu einem Hindernis werden und nur allzu lange nachwirken. Eigentlich liegt es in der Natur des Menschen, die Vergangenheit durch die rosa Brille zu sehen. Seltsamerweise ist diese Fähigkeit des „Schönredens" nur selten in einer Beziehung wirklich vorhanden. Klar, nach außen hin werden Differenzen als Kleinigkeiten abgetan, doch innerlich brodelt es in in der Person, die eine Wunde aus der Konfrontation gezogen hat. Das führt dazu, dass alle Dämme brechen und die Schönheit von Liebe, Zweisamkeit und gemeinsamer Zukunft gnadenlos dahingerafft werden. Langsam aber sicher wird man sich nicht mehr an die Gründe und vielen schönen gemeinsamen Momente erinnern, denn die dunklen Flecken werden die Gedanken an eine gemeinsame Zukunft verschwinden lassen. Dinge, die vorher mit Leidenschaft betrieben wurden, werden nun als Ballast empfunden, welcher schnellstmöglichst über Bord gehen muss.

Gibt man diesem Verlangen nach, so wird man davon zwar vorübergehend befreit, aber die Probleme sind damit nicht gelöst.

Gehen die Säulen einer Beziehung verloren und nehmen die schwarzen Momente mehr Raum in Anspruch als man Energie aus den positiven Seitens seines Partners zu ziehen im Stande ist, so steuert man blindlings auf einen Felsen zu, an dem das gemeinsame Schiff (die Beziehung) zerschellen wird. Der Hafen der Ehe oder eine gemeinsame Zukunft werden dadurch du einem unerreichbaren Eiland, das von der Landkarte getilgt wird und dadurch in Vergessenheit gerät.

Epilog
Ein Interview mit uns selbst

Bernadette an Christian

Warum hattest du eigentlich die Idee, ein gemeinsames Buch zu schreiben?

Gegenfrage: Warum schreibt man Bücher? Meiner Meinung nach, um Menschen etwas mitzuteilen und einfach etwas von seinen Erfahrungen weiterzugeben. Was gäbe es demnach besseres, als seine Meinungen mit einem anderen Menschen zu bündeln und dessen kreative Ideen mit einfließen zu lassen. Ein anderer Punkt wäre auch noch, dass es eine Herausforderung darstellt, an einem gemeinsamen Projekt zu arbeiten.

Was ist dir im Laufe unserer Schreiberei an meinen Kapiteln aufgefallen, was ging dir durch den Kopf?

Es besteht ein Unterschied zwischen Mann und Frau, der sich nicht nur in dem Geschriebenen, sondern auch in dem Herangehen an ein Thema wiederspiegelt. Das ist einfach etwas Besonderes, vor allem, wenn man beides danach kombiniert.
Die Themen werden unterschiedlich behandelt und spiegeln einfach die Denkweise von zwei Menschen wieder. Ob sich das jetzt von der Mann-Frau-Problematik ableiten lässt oder nicht, das kann ich so nicht sagen, ich denke aber, dass es sehr amüsant zu lesen ist.

Und, verstehst du uns Mädels jetzt besser?

Ja, ich denke schon, man lernt ja nie aus. Jeder Satz, jedes Wort hinterlässt einen Eindruck, der sich sonst so nicht manifestiert hätte. Heute denke ich im Vergleich zu früher schon anders. Aber kann man Frauen denn wirklich verstehen? Ich denke nicht, man kann sich nur an seinen Erfahrungen orientieren und dazu ist auch ein Buch wie dieses gut. So kann man seinen Horizont erweitern und seine Denkweise anpassen.

Jetzt kennen wir uns schon geschätzte 13 Jahre. Hat dir unser Buch ein anderes Bild von mir vermittelt?

Ja und nein. Sicher, es hat sich schon einiges verändert. Aber dann ist es auch so, dass man einander doch kennt und auch die Geschichten und Ereignisse des anderen für gut oder schlecht befindet. Generell lässt sich aber sagen, dass es mir ein anderes Bild von dir vermittelt hat. Und das ist gut so.

Was bedeutet schreiben für dich?

Entspannung und Freiheit für den Kopf, in der heutigen Zeit ist man doch sowieso immer mit anderen „wichtigen" Dingen beschäftigt. Es gibt so viele Dinge, die „Mann" machen muss/soll und das Schreiben bietet eine Möglichkeit, in eine andere Welt einzutauchen und neue Ideen zu verarbeiten und umzusetzen. Völlig abseits vom Alltagsstress.

Christian an Bernadette

Was war für dich die Motivation, an diesem gemeinsamen Projekt zu schreiben?

Ich würde sagen, es gab zwei Motivationen: Zum einen, die Leidenschaft zum Schreiben, die du mir ja schon vor Veröffentlichung meines ersten Buches prophezeit hattest (Du hattest damals in einem Gespräch vermutet, es würde keine drei Monate dauern, bis es mich wieder packt und ich weiterschreiben will!), zum anderen natürlich die Neugierde, was dabei herauskommen würde, wenn ich mit jemandem gemeinsam ein Buch schreibe. Ich habe es am Anfang wie ein Experiment gesehen, bei dem man austesten kann, ob sich die beiden Teile irgendwie ergänzen oder nicht.

Gab es für dich Momente, in denen du daran gezweifelt hast, dass wir es schaffen?

Nein, keinen einzigen. Wir sind beide Menschen, die alles daran setzen, Ihre Ziele zu erreichen, wenn wir sie mal definiert haben.

Wenn dich jemand fragen würde, ob sich seit Beginn der „Schreiberei" etwas verändert hat, was würdest du ihm/ihr erzählen?

Ich habe einmal mehr im Leben die Bestätigung erhalten, dass Männer gewisse Dinge manchmal ganz anders verstehen als Frauen. Dadurch, dass wir unabhängig voneinander geschrieben haben, konnte ich dann nachvollziehen, dass dieses „anders" gar nicht absichtlich oder gar böse gemeint ist, sondern dass es schlicht und einfach so ist.
Und es war ein neues Gefühl, die Entstehung eines Buches mit jemandem zu teilen. Der ganze Enthusiasmus der in so einem

Werk steckt, die Tatsache, zu begreifen, dass es da plötzlich zwei Menschen gibt, die zu gleichen Teilen begeistert von etwas sind.

Sind Männer und Frauen denn wirklich so verschieden?

Ich glaube, dass wir in den wesentlichen Dingen, die unser Leben begleiten, gleich sind. Jede/r sucht im Grunde seines Herzens jemanden, der zu ihm/ihr passt, mit dem er/sie glücklich ist. Und jede/r hat auf dem Weg dahin ein paar Steine aus dem Weg zu räumen oder muss manchmal Kompromisse eingehen, um sein Glück zu finden. Nur die Ausdrucksweise gewisser Empfindungen ist anders, und das macht dann den Unterschied. So unterschiedlich unsere Gegenüberstellungen manchmal sind, so sehr gleichen sie sich auch in grundsätzlichen Themen. Die Grundwerte eines Menschen sind gleich, egal ob Mann oder Frau. Die Art, wie sie ausgelebt werden, ist manchmal gegensätzlich.

Wie erklärst du dir die Unterschiede/Sichtweisen zwischen Mann und Frau?

Ich glaube, viel davon ist in der Entwicklung des Menschen begründet. Der Mann hat immer gejagt, die Frau hat organisiert. Schon alleine diese beiden Aufgaben bringen mit sich, dass die Frau zwecks Organisation komplexere Gedanken haben muss. Der Mann hingegen denkt strategisch, geradlinig, ohne Umwege. Es ist sehr positiv und auch notwendig, dass in der heutigen Welt in sehr vielen Lebensbereichen schon Gleichberechtigung zwischen den Geschlechtern herrscht, aber ich bin überzeugt davon, die ursprünglichsten Wesenszüge kann keiner von uns verstecken. Und mal ehrlich: Wären Mann und Frau gleich, es würde doch alles an gegenseitigem Interesse und Spannung zunichte machen. Wir suchen schließlich immer das, was wir selbst nicht haben. Gegensätze ziehen sich ja nicht nur an – sie ergänzen sich auch.